RAU

Anatoli Karpow

So schnell siegen Weltmeister

Von Steinitz bis Kasparow

Walter Rau Verlag

Düsseldorf

1.Auflage 1991
© 1991 by Walter Rau Verlag, Düsseldorf
Alle Rechte der Verbreitung in deutscher Sprache,
auch durch Film, Funk, Fernsehen, fotomechanische
Wiedergabe, Tonträger jeder Art und auszugsweisen
Nachdruck, sind vorbehalten.

Titelfoto: Michael Kupferschmidt, Basel
Satz: Schach-Spezialsatz Bernd Feustel, 8600 Bamberg
Druck: Beyer-Druck, Langgasse 23, 8607 Hollfeld
Printed in Germany
ISBN 3-7919-0331-4

Inhalt

Vorwort

Schnell entschiedene Schachduelle, die mit einem eleganten Sieg (oder einem umkämpften Remis) endeten, rufen immer ein erhöhtes Interesse der Schachliebhaber hervor. Wenn wir davon hören oder lesen, daß ein Großmeister einen anderen in 20 Zügen bezwang, so bemühen wir uns, diese Partie so rasch wie möglich nachzuspielen. Wir wollen erfahren, was passierte: Wirkte sich eine umwerfende Eröffnungsneuerung aus, entschied ein unerwartetes Damenopfer das Spiel oder trieb vielleicht ein listiges Springermanöver den Gegner in eine Sackgasse?

In solchen Partien ist alles Kampf, in einem kurzen Abschnitt der Schlacht offenbart sich die ganze Skala der Leidenschaften. Diese ungewöhnliche Spannung verleiht jedem Zug ein besonderes Gewicht. Die Ereignisse entwickeln sich forciert, die Kombinationen sind prägnant und bleiben im Gedächtnis. Nicht zufällig nehmen Sammelbände über Kurzpartien einen bedeutenden Platz in der Schachliteratur ein. Welchen Umfang hat nun so eine Miniatur, wieviel Züge kann man ihr zubilligen? Auf diese Frage gibt es keine eindeutige Antwort. Die einen rechnen zu den Kurzpartien nur Begegnungen bis zu 20 Zügen, andere setzen das Limit je Partie bei 25 bis 30 Zügen an. In diesem Buch ist die Zahl der Züge je Miniatur auf 30 begrenzt. Diese nicht sehr strenge Einengung erlaubte es, in den Band viele großartige Partien aufzunehmen, in denen die Entscheidung über Sieg und Niederlage sehr früh fiel, die Begegnung sich aber (vielleicht aus Gewohnheit) noch etliche Züge hinzog. Im Buch wird das Schaffen von 14 Weltmeistern (wundern Sie sich nicht – einer von ihnen ist der berühmteste „ungekrönte" König, Paul Morphy) vorgestellt.

Von jedem Champion sind je drei Gewinn-Miniaturen ausgewählt und ausführlich kommentiert worden. Eine Ausnahme gibt es nur bei den beiden letzten Weltmeistern, A. Karpow und G. Kasparow. Ich denke, der Leser wird darüber nicht traurig sein, daß den vergangenen Jahren dieses Duells um die Krone mehr Aufmerksamkeit gewidmet wurde. Zunächst wollte ich die Anzahl unserer Partien gegenüber den anderen Beispielen verdoppeln und kommentierte je sechs Treffen des 12. und 13. Weltmeisters. Dann aber beschloß ich, die Anzahl der Miniaturen G. Kasparows zu erhöhen, der dank seines energischen Spielstils und seines großen Eröffnungswissens eine Vielzahl von Kurzpartien aufzuweisen hat. Also wird das Buch durch zehn Miniaturen des amtierenden Weltmeisters vollendet, die mit kurzen Anmerkungen versehen sind.

Ergänzend möchte ich sagen, daß ein ähnlicher Sammelband von mir bereits früher (in anderen Sprachen) erschien, aber für die Herausgabe in der BRD erneuerte ich die Mehrzahl der Partiebeispiele, so daß ich im Grunde genommen ein neues Buch schrieb. Die dem Leser angebotenen Partien enthalten viele herrliche Kombinationen, unerwartete Manöver und Eröffnungsüberraschungen. Auf diese Weise findet jeder Schachfreund, unabhängig von seiner Spielstärke, Nützliches und Interessantes und macht sich näher mit der Zauberwelt der Schachkunst vertraut.

Zum Schluß möchte ich dem Schachmeister Jewgeni Gik, meinem Co-Autoren einer Reihe von Büchern, für seine Hilfe auch bei dieser Arbeit danken.

A. Karpow

Der ungekrönte König
Paul Morphy

* 22. 6. 1837   † 10. 7. 1884

inoffizieller Schachweltmeister von
1858 bis 1859

Die bislang strahlendste und geheimnisvollste Figur der Schachgeschichte bleibt der ungekrönte König Paul Morphy.

Sein geradliniges Spiel, das wie die Natur selbst nichts Überflüssiges duldete, dient noch heute als Beispiel. Die herrlichen Kombinationen dieses Schachgenies kann man mit der wundervollen Musik Mozarts vergleichen.

Ungeachtet dessen, daß sich Morphys Schachspiel durch tiefe Logik und ein wissenschaftliches Herangehen auszeichnete, gibt es in seinen Partien Rätsel, die auch heute analytisch nur schwer zu lösen sind. Aber eine strenge und unvoreingenommene Untersuchung der Meisterwerke Morphys ist nach wie vor notwendig – nicht nur, um die unerschöpfliche schachliche Wahrheit weiter zu enthüllen, sondern auch deshalb, um die Gedanken und Gefühle besser zu verstehen, die den großen Schachkünstler beherrschten.

Das Rätsel Morphys

Die folgende, sehr populäre Partie wurde vor allem wegen ihres effektvollen Finales berühmt.

Philidor-Verteidigung
Bird – Morphy
London 1858

1. e2–e4   e7–e5
2. Sg1–f3   d7–d6

3. d2–d4   f7–f5

Dieser tollkühne Bauernvorstoß kommt in der heutigen Turnierpraxis nicht mehr vor. Weiß hat daraufhin verschiedene Möglichkeiten, Eröffnungsvorteil zu erlangen.

4. Sb1–c3   f5×e4

Weder 4. ... Sf6, noch 4. ... ed bringen Schwarz etwas ein, zum Beispiel: 4. ... Sf6 5. de Se4: 6. Se4: fe 7. Sg5 d5 8. e6 Lc5 9. Se4:! Le7 10. Dh5 g6 11. De5 Tg8 12. Sg5 oder 4. ... ed 5. Dd4: fe 6. Lg5 Sf6 7. Se4: Le7 8. Lc4 Se6 9. De3.

Diese Varianten sind der „Enzyklopädie der Schacheröffnungen" entnommen – einer Ausgabe, die zur Zeit Morphys nicht einmal in einem phantastischen Roman vorkommen konnte.

5. Sc3×e4   d6–d5
6. Se4–g3

Großmeister Keres führt diese Zugfolge an: 6. Se5: de 7. Dh5 g6 8. Sg6: Sf6 9. De5+ Kf7 10. Lc4+ Kg7 11. Lh6+ Kh6: 12. Sh8: Lb4+ 13. c3 Dh8: 14. cb, und Schwarz kommt nicht ungeschoren davon.

6. ...   e5–e4
7. Sf3–e5   Sg8–f6
8. Lc1–g5

Der Erfinder der Eröffnung 1. f2–f4 und auch der Variante 3. ... Sd4 in der Spanischen Partie vergibt die letzte Möglichkeit, mittels 8. f3 die Initiative zu bewahren.

8.	...	Lf8–d6
9.	Sg3–h5	0–0
10.	Dd1–d2	Dd8–e8
11.	g2–g4	

Hier konnte Weiß, wie Maroczy fest-
stellte, das Spiel noch durch 11. Sf6:+ gf
12. Lf6: Tf6: 13. Dg5+ Tg6 14. Sg6: hg
15. Dd5:+ ausgleichen. Den extravaganten Vorstoß des g-Bauern versieht
der Kommentator mit einem Fragezeichen und schreibt:
„Das führt zum schnellen Verlust!" Diese
Ansicht ist völlig richtig, aber in dem
Wort „schnell" steckt der Keim der folgenden Widersprüche.

11.	...	Sf6×g4
12.	Se5×g4	De8×h5
13.	Sg4–e5	Sb8–c6
14.	Lf1–e2	Dh5–h3
15.	Se5×c6	b7×c6
16.	Lg5–e3	Ta8–b8
17.	0–0–0	

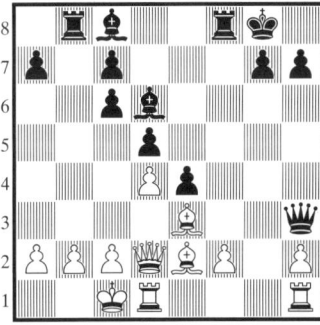

Diese Stellung findet man in vielen
Büchern. Die Lage von Weiß ist nicht
beneidenswert: schwache Bauern am
Königsflügel, der Gegner beherrscht die
b-Linie, das weiße Läuferpaar ist wir-
kungslos. Zudem hat Schwarz auch
noch einen Bauern mehr. Aber es gibt
wohl kaum einen Schachliebhaber, den
die zwei folgenden Züge von Morphy
gleichgültig lassen.

17.	...	Tf8×f2!
18.	Le3×f2	Dh3–a3!!

Ein zauberhaftes Manöver! Die Dame
eilt vehement von einer Brettseite zur
anderen. Sicher entschließt man sich zu
einem solchen Turmopfer nur, wenn ein
forciertes Matt in Aussicht ist. Obwohl
die weiße Majestät in Gefahr geriet, geht
das Spiel weiter, und ein Matt ist vorerst
nicht in Sicht. Es wäre interessant zu
wissen, wielange Morphy nachdachte,
ehe er den Turm opferte. Schade, daß
die Idee von Großmeister Bronstein,
sich während der Partie Notizen über
die verbrauchte Bedenkzeit zu machen,
im vergangenen Jahrhundert noch nie-
mandem in den Sinn kam.

19.	c2–c3	Da3×a2

Vorteil für Weiß ergibt 19. ... e3 wegen
der Antwort 20. Le3: Lf5 21. Dc2!. Der
Beweis erfolgte in J. Neistadts Buch
„Ungekrönte Schachkönige".

20.	b2–b4	Da2–a1+
21.	Kc1–c2	Da1–a4+

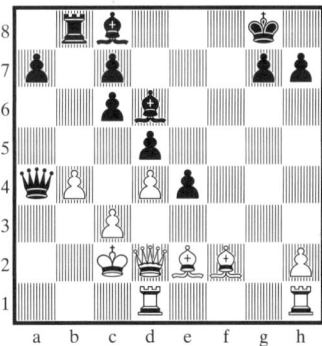

Ein kritischer, genauer gesagt, histori-
scher Augenblick. Weiß zieht falsch mit
seinem König und geht beinahe forciert
unter.

22.	Kc2–b2	Ld6×b4!
23.	c3×b4	Tb8×b4+
24.	Dd2×b4	Da4×b4+
25.	Kb2–c2	

Andere Züge des Königs sind auch nicht
besser, sieht man in das erwähnte Buch
von Neistadt.

25.	...	e4–e3

26. Lf2×e3

Hartnäckiger war 26. Le1, in diesem Falle mußte Schwarz erstens die Fortsetzung 26. ... Lf5+ 27. Ld3 Da4+ (27. ... Dc4+ 28. Lc3) 28. Kc1 Lg4! finden und zweitens noch sein ungewöhnliches materielles Übergewicht nach 29. Lc3 Ld1: 30. Td1: realisieren.

26. ...   Lc8–f5+
27. Td1–d3   Db4–c4+

Dieses Schach würde auch bei 27. Ld3 entscheiden.

28. Kc2–d2   Dc4–a2+
29. Kd2–d1   Da2–b1+
Weiß gab auf.

Widerlegung einer Variante

Gegner Morphys in dieser Partie war ein bekannter französischer Schachmeister, der sich zuvor im Wettkampf mit Staunton als ebenbürtig erwiesen hatte. Bereits nach zehn Zügen bekam er Schwierigkeiten und war machtlos dagegen, daß Morphy, der die Eröffnung ideal behandelt hatte, im Grunde eine klassische Variante der Italienischen Partie widerlegte. Weiß konnte nur auf einem einzigen Wege Ausgleich erzielen, der – und das ist interessant – auch Großmeister Maroczy nicht bekannt war, der diese Partie ein halbes Jahrhundert später kommentierte.

Italienische Partie
Saint Amant – Morphy
Paris 1858

1. e2–e4   e7–e5
2. Sg1–f3   Sb8–c6
3. Lf1–c4   Lf8–c5
4. c2–c3   Sg8–f6
5. d2–d4   e5×d4
6. e3×d4   Lc5–b4+
7. Lc1–d2

Das scharfe Greco-Gambit, das mit dem Zug 7. Sc3 beginnt, beherrschte Morphy in Vollendung, und es wäre naiv gewesen, damit einen Erfolg anzustreben.

7. ...   Lb4×d2+
8. Sb1×d2   d7–d5
9. e4×d5   Sf6×d5
10. 0–0

Zu Beginn dieses Jahrhunderts, als Maroczy sein berühmtes Buch „Die Schachpartien Paul Morphys" schrieb, nahm man an, daß 10. Db3 Sce7 11. 0–0 0–0 12. Tfe1 c6 13. a4 Weiß das bessere Spiel bringt. Heute wissen wir, nach 13. ... Db6! 14. a5 Db3: 15. Sb3: Td8 entsteht auf dem Brett völliges Gleichgewicht.

Interessant ist, daß sich diese alte Stellung bis zum elften Zug im Kandidatinnen-Finalmatch Semjonowa – Lewitina (Sotschi 1984) ergab. Anstelle von 12. Tfe1 spielte Weiß 12. Se5, aber nach 12. ... c6 13. a4 Db6 14. Db6: ab 15. Ld5: Sd5: 16. Se4 Le6 17. Sc4 erreichte sie auch nichts. Zehn Züge später einigten sich die Gegnerinnen auf Remis.

10. ...   0–0
11. h2–h3?!

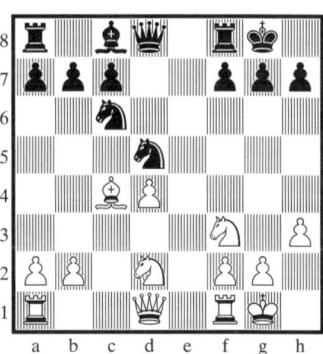

Der Bauernzug sieht ein wenig verhalten aus, aber die Empfehlung Maroczys 11. Te1 ist nicht besser, denn 11. ... Sb6 bringt Schwarz in Vorteil. Der richtige Weg lautet: 11. Se5! Sd4: 12. Sb3 Sb3: 13. Ld5: Df6 14. Lf7:+ Tf7: 15. Db3: De5: 16. Tfe1 Le6 17. Te5:.

11. ...   Sd5–f4
12. Kg1–h2?

Eindeutige Ratlosigkeit. Sicherer war natürlich 12. Se4, wie Maroczy angab, obwohl die weiße Stellung nach 12. ... Lf5 13. Sg3 Lg6 keine Zukunft hat. Nun geht ein wichtiger Bauer ohne jegliche Kompensation verloren.

12.	...	Sc6×d4
13.	Sf3×d4	Dd8×d4
14.	Dd1−c2	Dd4−d6

Die Dame strebt die Angriffsposition h6 an und ist nicht daran zu hindern.

15.	Kh2−h1	Dd6−h6
16.	Dc2−c3	Lc8−f5
17.	Kh1−h2	Ta8−d8
18.	Ta1−d1	

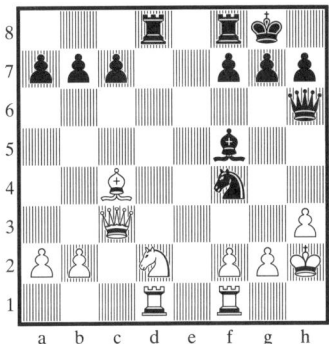

| 18. | ... | Lf5×h3 |

Ein glanzvolles und in jener Zeit gesetzmäßiges Finale.

| 19. | g2×h3 | Td8−d3! |

Der Zug ist ein Lehrbeispiel zum Thema Überdeckung.

20.	Dc3×d3	Sf4×d3
21.	Lc4×d3	Dh6−d6+
22.	f2−f4	Dd6×d3

Weiß gab auf.

Unfehlbare Intuition

Die öffentliche Meinung in den USA verhielt sich dem Schachspiel gegenüber immer sehr skeptisch. Es gibt eine Version, wonach Morphy lange keine Arbeit auf seinem juristischen Spezialgebiet fand. „Ein guter Schachspieler kann kein guter Jurist sein", antwortete man ihm.

In unserer Zeit hat sich die Situation geändert. Viele Gelehrte, Wissenschaftler, Musiker, Politiker sind zugleich auch starke Schachspieler. Dabei erklären sich ihre beruflichen Erfolge oftmals durch solche Eigenschaften wie genaues Berechnen, kritische Beurteilung und Intuition, die sie durch das Schach erwarben. Und wer besaß in der gesamten Schachgeschichte eine feinere und unfehlbarere Intuition als der unvergessene Morphy!?

Skandinavische Verteidigung
Morphy − Anderssen
Paris 1858

1.	e2−e4	d7−d5
2.	e4×d5	Dd8×d5
3.	Sb1−c3	Dd5−a5
4.	d2−d4	e7−e5

Dies ist natürlich nicht die stärkste Fortsetzung, aber Weiß hat es nicht ganz leicht, seinen Entwicklungsvorsprung auszunutzen.

| 5. | d4×e5 | |

Erst im 20. Jahrhundert wurde nachgewiesen, daß 5. Sf3 stärker ist.

| 5. | ... | Da5×e5+ |

Und hier war 5. ... Lb4 besser.

6.	Lf1−e2	Lf8−b4
7.	Sg1−f3!	Lb4×c3+
8.	b2×c3	De5×c3+
9.	Lc1−d2	Dc3−c5
10.	Ta1−b1	Sb8−c6
11.	0−0	Sg8−f6

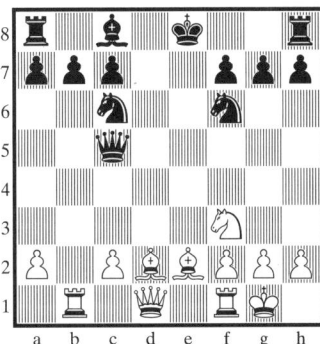

In der entstandenen Stellung besitzt Weiß völlige Kompensation für den Bauern. Sicher steht er bereits überlegen, aber es ist nicht einfach, dies auszunutzen. Schwarz weist keine schwachen Punkte auf, worauf die weißen Figuren zielen könnten. Die Partie wurde von vielen erstklassigen Kommentatoren untersucht und Vorschläge für die Verbesserung des Spiels beider Seiten gebracht. Aber die häusliche Analyse ist eine andere Sache als der Kampf am Brett. Was Morphy betrifft, so galt er nicht umsonst als Virtuose des offenen Spiels. In solchen Situationen baute er vor allem auf seine sichere Intuition, die ihn fast nie verließ.

| 12. | Ld2–f4! | 0–0 |
| 13. | Lf4×c7 | |

Die von J. Neistadt als am stärksten bezeichnete Angriffsfortsetzung 13. Tb5 De7 14. Te1 ist wegen 14. ... a6 15. Tb3 Le6 16. Tb7: Sd5 17. Lg5 Dc5 nicht ganz überzeugend.

| 13. | ... | Sc6–d4 |

Damit will Schwarz die Spannung etwas verringern. Doch Anderssen und viele andere Kommentatoren fanden nicht die – wie mir scheint – mehr versprechende Fortsetzung 13. ... Sd5!. Nach dem erzwungenen 14. Tb5 De7 wird einer der schwarzen Springer (wie auch in der Partie) gegen den schwarzfeldrigen Läufer von Weiß abgetauscht, doch dafür hält der andere Springer die wichtigen Zentralfelder unter Kontrolle.

| 14. | Dd1×d4 | Dc5×c7 |
| 15. | Le2–d3 | |

Weiß besitzt klaren Vorteil. So könnte auf 15. ... h6 16. De5! De5: 17. Se5: nebst f4 und Lc4 folgen, und der Punkt f7 wird aufs Korn genommen. Die Antwort Anderssens jedoch ist ganz erfolglos.

| 15. | ... | Lc8–g4? |
| 16. | Sf3–g5! | Tf8–d8 |

Nach 16. ... Lh5 17. Se4 Se4: 18. De4: Lg6 19. Db7: stand ein langer Kampf ums Überleben bevor.

17.	Dd4–b4	Lg4–c8
18.	Tf1–e1	a7–a5
19.	Db4–e7!	Dc7×e7
20.	Te1×e7	

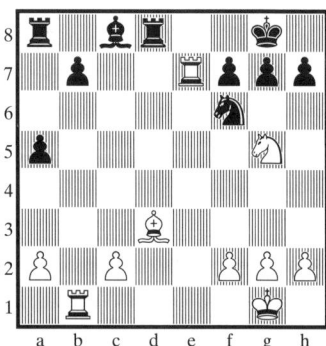

Maroczy und andere nahmen fälschlicherweise an, daß sich Schwarz mittels 20. ... h6 21. Sf7: Kf8 noch halten konnte. Doch diese Variante basiert auf einem Mißverständnis. Nach 22. Sd8: Ke7: 23. Sb7: behält Weiß zwei Bauern mehr. Hinzugefügt sei, daß Anderssen in der Diagrammstellung noch die Möglichkeit hatte, mit 20. ... Td7 eine Falle zu stellen: 21. Tbe1? Te7: 22. Te7: h6! 23. Sf7:? Kf8 24. Tc7 Se8, und Schwarz gewinnt eine Figur.
Aber nach 21. Td7: Sd7: 22. Lc4! Sc5 23. Sf7: Kf8 24. Tb5! bleibt die schwarze Stellung schwierig. Das vom Nachziehenden gewählte Abspiel verliert sogleich.

20.	...	Sf6–d5
21.	Ld3×h7+	Kg8–h8
22.	Te7×f7	Sd5–c3
23.	Tb1–e1	Sc3×a2
24.	Tf7–f4	Ta8–a6
25.	Lh7–d3	

Schwarz gab auf. Das Spiel Morphys in dieser Partie war beinahe vollkommen.

Wilhelm Steinitz
* 18. 5. 1836   † 12. 8. 1900

1. Weltmeister 1886 – 1894

Beherrscher der siebenten Reihe

Obwohl dieses Duell eine Miniatur ist, gehört es zu den besten Partien des ersten Weltmeisters der Schachgeschichte. Die darin vollführte Kombination schmückt viele Schachbände und geht in die goldenen Analen der Schachkunst ein.

Italienische Partie
Steinitz – von Bardeleben
Hastings 1895

1.	e2–e4	e7–e5
2.	Sg1–f3	Sb8–c6
3.	Lf1–c4	Lf8–c5
4.	c2–c3	Sg8–f6
5.	d2–d4	e5×d4
6.	c3×d4	Lc5–b4+
7.	Sb1–c3	d7–d5

Die moderne Theorie empfiehlt, den Bauern zu schlagen – 7. ... Se4:, wonach Schwarz ein ganz sicheres Spiel bekommt.

8.	e4×d5	Sf6×d5
9.	0–0	Lc8–e6

Nach 9. ... Sc3: 10. bc Lc3: 11. Db3 La1: 12. Lf7:+ ist der weiße Angriff nicht abzuwehren, und im Falle von 9. ... Lc3: 10. bc Sc3: 11. De1+ geht eine Figur verloren.

10.	Lc1–g5	Lb4–e7
11.	Lc4×d5	Le6×d5
12.	Sc3×d5	Dd8×d5
13.	Lg5×e7	Sc6×e7

Schwarz will nun seinen König an einen sicheren Platz bringen, um das bessere Endspiel zu bekommen, aber es gelingt ihm bis zum Schluß der Partie nicht, diese Aufgabe zu lösen.

14.	Tf1–e1	f7–f6
15.	Dd1–e2	Dd5–d7
16.	Ta1–c1	

Heute gilt 16. d5! als stärkste Fortsetzung. Hier ist eine Variante, die man in jedem Eröffnungshandbuch finden kann: 16. ... Kf7 17. Tad1 Sd5: 18. Sg5+! fg 19. Df3+ Kg8 20. Td5: mit klarem Vorteil von Weiß.

16.	...	c7–c6

Mit 16. ... Kf7 nebst 17. ... Sd5 konnte Schwarz die Initiative übernehmen. Allerdings entstünden nach 17. Se5+ oder 17. Sg5+ auf dem Brett unübersehbare Verwicklungen.

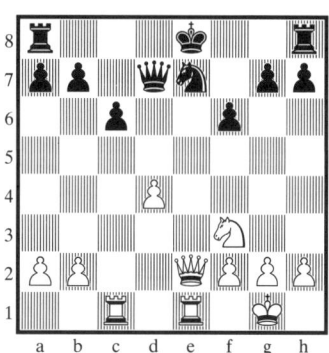

17.	d4–d5!

13

Nach diesem Bauernopfer geht bei Weiß alles wie geschmiert.

17. ... c6×d5

Zeitverlust bedeutet 17. ... Kf7 18. dc bc 19. Dc4+ Dd5 20. Dd5: cd 21. Tc7 mit entscheidendem Übergewicht von Weiß.

18. Sf3–d4 Ke8–f7
19. Sd4–e6 Th8–c8
20. De2–g4 g7–g6
21. Se6–g5+ Kf7–e8

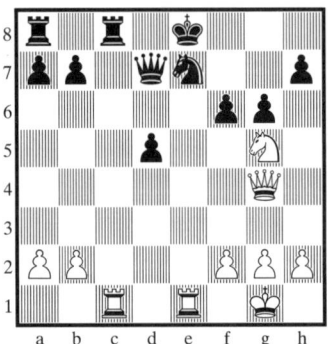

Jetzt folgt eine der berühmtesten Kombinationen in der Schachgeschichte.

22. Te1×e7+! Ke8–f8

Nichts hilft 22. ... Ke7: wegen 23. Te1+ Kd6 24. Db4+ Tc5 25. Te6+ oder 24. ... Kc7 25. Se6+ Kb8 26. Df4+, und alles ist vorbei. Schwarz hat jedoch noch nicht ganz begriffen, was auf dem Brett vor sich geht. Wahrscheinlich dachte er, seine Dame ist im Moment wegen des Matts auf der ersten Reihe nicht zu nehmen, und gleichzeitig sind zwei gegnerische Figuren angegriffen. Steinitz aber sah eben weiter.

23. Te7–f7+! Kf8–g8

Wie auch im vorherigen Zug kann der Turm wegen Tc1×c8+ nicht geschlagen werden.

24. Tf7–g7+!

Noch ein glänzender Zug. Der weiße Turm fühlt sich als totaler Herrscher auf der siebenten Reihe.

24. ... Kg8–h8

Auf 24. ... Kf8 entscheidet 25. Sh7:+.

25. Tg7×h7+!

Schwarz gab auf, denn ihn erwartet ein Epauletten-Matt: 25. ... Kg8 26. Tg7+ Kh8 27. Dh4+ Kg7: 28. Dh7+ Kf8 29. Dh8+ Ke7 30. Dg7+ Ke8 (30. ... Kd8 31. Df8+ De8 32. Sf7+; 30. ... Kd6 31. Df6+) 31. Dg8+ Ke7 32. Df7+ Kd8 33. Df8+ De8 34. Sf7+ Kd7 35. Dd6matt.

Der Zeit voraus

Alle Weltmeister zeichneten sich durch besondere individuelle schachliche Eigenschaften aus. Und einige brachten die Theorie derart voran, daß sie bereits die Zukunft verkörperten. Zu ihnen gehört zweifellos der erste Weltmeister. Steinitz begründete das wissenschaftliche Schach und schuf einen „Kodex der Schachgesetze".

In der Praxis bewies er seinen Gegnern – den damaligen stärksten Schachmeistern – mit Erfolg die Richtigkeit seiner Lehren.

In der vorliegenden Partie, die vor über einem Jahrhundert gespielt wurde, haben wir es mit einer Art Tartakower-Makogonow-Bondarewski-System zu tun, obwohl sie 15 Jahre vor der Geburt Tartakowers (des ältesten ihrer Erfinder) stattfand. Steinitz führte die weißen Steine und erwies sich als gut „vertraut" mit den Feinheiten der Variante.

Damengambit
Steinitz – Anderssen
Wien 1873

1.	**d2–d4**	**d7–d5**
2.	**c2–c4**	**e7–e6**
3.	**Sb1–c3**	**Sg8–f6**
4.	**Lc1–g5**	**Lf8–e7**
5.	**e2–e3**	**0–0**

Die moderne Theorie empfiehlt hier den Zwischenzug h7–h6, ehe der weißfeldrige Läufer von Schwarz fianchettiert wird. Denn tauscht Weiß bereits sehr frühzeitig die zentralen Bauern, so muß Schwarz auf d5 mit dem Springer schlagen, was den Abtausch zweier weiterer Leichtfiguren zur Folge hat. A. Anderssen mißachtet diese heute gut bekannten Grundsätze, während Weiß auch nach heutigen Maßstäben bestens handelt.

6.	Sg1–f3	b7–b6
7.	Lf1–d3	Lc8–b7
8.	0–0	Sb8–d7
9.	c4×d5	e6×d5
10.	Ta1–c1	c7–c5
11.	d4×c5	b6×c5
12.	Dd1–a4!	Sf6–e4?

Schwarz fühlt sich bereits etwas beengt, aber nach dem richtigen 12. ... Db6 stünde die eigentliche Schlacht noch bevor. Jetzt erfolgt die gerechte Ahndung des Fehlers.

| 13. | Ld3×e4 | d5×e4 |

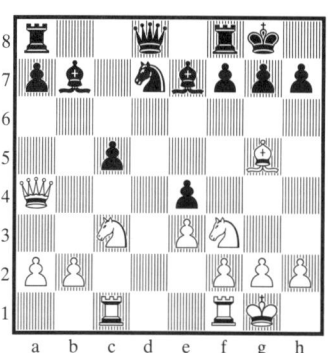

14.   Tf1–d1!
Ein genauer Zwischenzug. Anderssen erwartete hier wohl nur 14. Le7: De7: 15. Sd2, und nach 16. ... Sf6 nebst Tfd8 hätte Schwarz den Kampf um die d-Linie aufgenommen.

14.	...	Le7×g5
15.	Sf3×g5	Dd8×g5
16.	Td1×d7	

Im Ergebnis der Abtauschkombination erhielt Weiß klaren Stellungsvorteil. Die schwachen Bauern von Schwarz, sein „stumpfer" Läufer und der Verlust der

siebenten Reihe – alles das führt dazu, daß Weiß sein Übergewicht leicht realisiert.

16.	...	Tf8–b8
17.	Da4–b3	Lb7–c6
18.	Db3×f7+	Kg8–h8
19.	h2–h4	

Ein technisches Verfahren zur Ablenkung der Dame von der fünften Reihe, um den Bauern c5 zu gewinnen.

19.	...	Dg5–g4
20.	Td7×a7	Ta8×a7
21.	Df7×a7	Tb8×b2
22.	Da7×c5	Dg4–e6
23.	Tc1–d1	h7–h6
24.	Td1–d6	De6–f7
25.	Sc3–d1	Tb2–e2
26.	Kg1–f1	

Schwarz gab auf.

Der untätige Springer

Steinitz beherrschte es meisterhaft, kombinatorische Schläge anzubringen. Aber im Unterschied zu seinen Vorgängern gebrauchte er nach geduldiger Vorarbeit sehr aktive Mittel, um schließlich positionelle Vorteile zu erhalten. Der große Denker und Schachmeister war allerdings ein schlechter Tribun und vermochte seine unsterblichen Ideen nicht wirksam zu publizieren. Sehr viel später vernahm die Welt die geflügelten Worte Tarraschs, wie zum Beispiel „Eine Figur steht schlecht, also steht die ganze Partie schlecht". „Der Springer am Rande ist eine Schande" usw. Die Grundlage für solche Verallgemeinerungen bildete das Schaffen von Steinitz. Er konnte sehr plastisch alle wichtigen Momente des Schachspiels enthüllen, so daß sie bis heute wie selbstverständlich erscheinen.

In der folgenden Partie mußte der weiße Springer solange auf f1 verharren, bis unvermeidlich die Katastrophe im Zentrum hereinbrach...

Spanische Partie

Maroczy – Steinitz

Nürnberg 1896

1.	e2–e4	e7–e5
2.	Sg1–f3	Sb8–c6
3.	Lf1–b5	Lf8–c5
4.	c2–c3	Dd8–f6
5.	d2–d3	

Ein verhaltener Entwicklungszug. Bedeutend effektiver ist 5. d4.

5.	...	h7–h6
6.	Dd1–e2	Sg8–e7
7.	Lc1–e3	Lc5–b6
8.	Sb1–d2	0–0
9.	h2–h3?!	d7–d5!

Das Eröffnungsstadium gegen Steinitz günstig zu gestalten, war immer mit einem Risiko verbunden. Im gegebenen Falle erreichte Weiß nicht die Spur eines Vorteils. Mehr noch, er bekommt bereits Schwierigkeiten im Zusammenhang mit der Drohung d5–d4.

Steinitz war ein großer Kenner der Spanischen Partie und spielte ihre Klassische Variante gern mit beiden Farben.

10. Sd2–f1

Diesem Springer wird ein trauriges Schicksal zuteil. Aber im Falle der Besetzung des Zentrums mittels 10. ed Sd5: 11. Se4 De7 hätte Schwarz durch den Vorstoß des e- und f-Bauern einige Drohungen parat.

10.	...	d5–d4
11.	Le3–d2	Se7–g6
12.	Lb5–a4?	

Ein glatter Fehler! Der Springer mußte unverzüglich ins Spiel gebracht werden, zum Beispiel: 12. S1h2 dc 13. bc Sf4 14. Lf4: ef 15. e5 Dg6 16. Dd2 Dg2: 17. Tg1 Dh3: 18. Df4: mit Initiative für den geopferten Bauern.

12.	...	d4×c3!
13.	b2×c3	Sg6–f4
14.	Ld2×f4	e5×f4!
15.	De2–d2	Tf8–d8
16.	d3–d4	

Weiß spürt die Gefahr nicht. Unbedingt notwendig war es, den Springer f1 zu entwickeln.

16.	...	Lb6–a5
17.	0–0–0	

17.	...	Sc6×d4!

Die Vergeltung aller Sünden. Der Partieschluß ist – wie immer bei Steinitz – korrekt und elegant.

18.	Sf3×d4	c7–c5
19.	e4–e5	Df6–e7

Natürlich hätte auch 19. ... De5: 20. Sf3 Df6 21. Dc2 Td1:+ 22. Kd1: Lf5 gewonnen, aber warum soll Schwarz unnötige Verwicklungen eingehen?

20.	Dd2–b2	c5×d4
21.	Td1×d4	Lc8–f5
22.	Sf1–d2	

Schließlich kehrte der Eremit ins Leben zurück, aber reichlich spät. Bei materiellem Gleichgewicht besteht die weiße Stellung nur aus Ruinen.

22.	...	Td8×d4
23.	c3×d4	Ta8–c8+
24.	Kc1–d1	La5–c3
25.	Db2–b5	Lc3×d4
26.	Sd2–f3	a7–a6

Weiß gab auf.

Und hier zwei Miniaturen von Steinitz, die in WM-Kämpfen gespielt wurden – die erste in einem gewonnenen, die zweite in einem verlorenen.

Spanische Partie
Steinitz – Tschigorin
Havanna 1892

1. e4 e5 2. Sf3 Sc6 3. Lb5 Sf6 4. d3 d6
5. c3 g6 6. Sbd2 Lg7 7. Sf1 0–0 8. La4
Sd7 9. Se3 Sc5 10. Lc2 Se6 11. h4
Ein scharfer Bruch mit der spanischen
Tradition, die mit der kurzen Rochade
des weißen Königs verbunden ist.
11. ... Se7 12. h5 d5 13. hg fg
Ein Fehler, nach dem der spanische
Läufer von Weiß auf eine für Schwarz
gefährlichere Diagonale gelangt. Richtig
war 13. ... hg 14. De2 mit leichtem weißem Vorteil.
14. ed! Sd5: 15. Sd5: Dd5: 16. Lb3 Dc6
17. De2 Ld7 18. Le3 Kh8 19. 0–0–0
Tae8 20. Df1! a5 21. d4! ed 22. Sd4:
Ld4: 23. Td4:! Sd4: 24. Th7:+! Kh7:
25. Dh1+ Kg7 26. Lh6+ Kf6 27. Dh4+
Ke5 28. Dd4:+. Schwarz gab auf.

Spanische Partie
Lasker – Steinitz
Moskau 1896

1. e4 e5 2. Sf3 Sc6 3. Lb5 a6 4. La4 d6
5. d4 Ld7 6. Lb3 Le7 7. de de 8. Dd5
Le6 9. Dd8:+ Td8: 10. Le6: fe 11. c3 Sf6
12. Sbd2 Lc5 13. b4 La7 14. a4 b5!

15. Ke2 Lb6 16. ab ab 17. Se1 Tf8
18. f3 Tf7 19. Sb3?
Eine interessante Episode! Lasker, dem
praktisch – und besonders in jungen
Jahren – niemals ein großer Fehler un-
terlief, stellt einen Bauern ein. Psycholo-
gisch verständlich, denn Weiß wollte
schon lange seinen Zentralbauern festi-
gen, um den Springer d2 für Manöver
frei zu bekommen. Er ließ dabei völlig
außer acht, daß der Bauer wegen der
Mattdrohung auf f2 sowieso nicht zu
verteidigen ist. Der tiefere Grund des
Fehlers liegt vor allem darin, daß Weiß
von den fruchtlosen Bemühungen, Vorteil zu erlangen, ermüdet war. Steinitz
führte die Verteidigung großartig, und es
ist nicht seine Schuld, daß im Ergebnis
der Versehen des Gegners eine Kurzpartie entstand. Übrigens hat die gesamte Begegnung auch heute noch
theoretische Bedeutung!
19. ... Se4:! 20. Lb2 Sd6 21. Tf1 Sc4
22. Lc1 Se7 23. Lg5 Sd5
Steinitz realisiert wie gewohnt das
Übergewicht auf die beste Weise.
24. Ld8: Sf4+ 25. Kd1 Td7+ 26. Kc2
Se3+ 27. Kb2 Sf1: 28. Lg5 Se3 29. Lf4:
ef 30. Tc1 e5.
Weiß gab auf.

Dr. Emanuel Lasker

* 24. 12. 1868   † 13. 1. 1941

2. Weltmeister 1894 – 1921

Rund um ein Zentralfeld
Damengambit
Lasker – Maroczy
Paris 1900

Im Angenommenen Damengambit besteht die wichtigste Aufgabe von
Schwarz darin, dem weißen Bauernvorstoß d4–d5 zu begegnen. Maroczy
wählte deshalb ein radikales Mittel und
blockierte den Bauern mit seinem Springer. Bald jedoch stieß er auf eine andere
Unannehmlichkeit – der Gegner opferte
seinen Springer auf f7 und nutzte dabei
glänzend die Schwäche der Diagonalen
a2–g8 aus.

1.	d2–d4	d7–d5
2.	c2–c4	e7–e6
3.	Sb1–c3	Sg8–f6
4.	Sg1–f3	d5×c4

Bei dieser Zugfolge kann sich Weiß
außer dem in der Partie vorkommenden
klassischen Manöver auch das scharfe
5. e4 c5 6. Lc4:! cd 7. Sd4: leisten. Weiter folgte in der berühmten Begegnung
zwischen Capablanca und Bogoljubow
(Moskau 1925) 7. ... Lc5 8. Le3 Sbd7
9. Le6:!! Capablanca führte diesen Zug
fast ohne zu überlegen aus. 9. ... fe
10. Se6: Da5 11. 0–0 Le3: 12. fe Kf7
13. Db3 Kg6 14. Tf5 Db6 15. Sf4+ Kh6,
und hier hätte 16. Df7! leicht gewonnen,
wonach sich Schwarz nach einer Analyse Capablancas nicht mehr länger als
zehn Züge halten konnte. Aber der dritte
Schachweltmeister spielte 16. g4?, und

nach beiderseitigen Fehlern siegte Weiß
schließlich im 32. Zug.

5.	e2–e3	c7–c5
6.	Lf1×c4	a7–a6
7.	a2–a4	Sb8–c6
8.	0–0	c5×d4

Gut für Schwarz ist auch 8. ... Le7. Nach
9. De2 cd 10. Td1 e5!! 11. ed ed 12. Sd4:
Sd4: 13. De5 Dd6! 14. Dd6: Ld6: 15. Td4:
Lc5 entsteht eine Stellung, die von der
modernen Theorie als gleich bewertet
wird.

9.	e3×d4	Lf8–e7
10.	Lc1–e3	0–0
11.	Dd1–e2	Dd8–a5

Ein von Steinitz ausgearbeitetes Ent-
wicklungssystem, das dennoch nicht
völlig zum Ausgleich reicht und heute
selten gespielt wird.

12.	Tf1–d1	Tf8–d8
13.	Ta1–c1	Sc6–b4
14.	Sf3–e5	Sf6–d5

Dieser Zug wurde von allen Kommentatoren getadelt und dafür 14. ... Ld7
vorgeschlagen. Dabei mußte Schwarz
auch diese Variante einkalkulieren:
15. Ld2 Le8 16. Sa2 Td4:!? 17. Sd3 Sfd5
18. Ld5: Td3:! 19. Sb4: Td2:!!, und beim
Nachziehenden ist alles in Ordnung.

15.	Lc4–b3	Td8–f8

Ein erzwungenes Manöver, weil auf
15. ... Ld7 sehr unangenehm 16. Sc4
Dc7 17. Se4 mit starkem weißem Druck
folgt.

16.	Sc3–e4	Da5–d8

17.	f2–f4	b7–b6
18.	Le3–d2	Lc8–b7
19.	Se4–g3	Ta8–c8

Hier war 19. ... g6 Pflicht, um den Vormarsch des f-Bauern aufzuhalten. Lasker untergräbt geschickt und ganz im modernen Stil die schützende schwarze Kette d5–e6–f7.

20.	f4–f5	Tc8×c1
21.	Td1×c1	e6×f5
22.	Sg3×f5	Le7–f6
23.	Ld2×b4!	Sd5×b4
24.	Se5×f7!	Tf8×f7
25.	De2–e6	

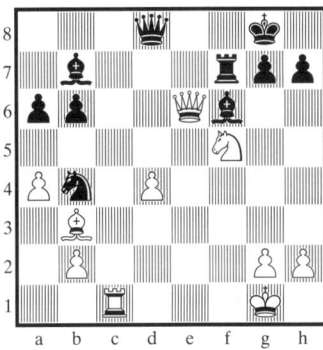

Mit bitterer Ironie kann hier konstatiert werden, daß Schwarz in dieser Stellung zwar die Kontrolle über das Feld d5 behauptet, aber es mit keiner einzigen Figur besetzen kann, ohne in Nachteil zu geraten, zum Beispiel 25. ... Sd5 26. Sd6 De7 27. Df7:+ Df7: 28. Sf7: Kf7: 29. Tc7+ oder 25. ... Ld5 26. Ld5: Dd5: 27. Tc8+ Ld8 28. Se7+.

| 25. | ... | Kg8–h8 |

Auch das kann nicht helfen. Die weiteren Züge sind nicht mehr notwendig.

26.	De6×f7	Lf6×d4+
27.	Kg1–h1	Sb4–d3
28.	Tc1–f1	Lb7×g2+
29.	Kh1×g2	Dd8–g5+
30.	Kg2–h3	

Schwarz gab auf.

Im leichten Stil

Man kann Emanuel Lasker nicht als Meister der Kurzpartie bezeichnen. Die Mehrzahl seiner Partien zog sich nach einem langen Manövrierkampf bis weit ins Endspiel hin. Aber wenn die Schlacht durch einen schnellen Sieg vollendet wurde, überraschte das Spiel des Weltmeisters durch seine ungewöhnliche Leichtigkeit. Auch im vorliegenden Beispiel bewegten sich alle seine Figuren auf kürzesten Bahnen, und die Varianten waren quasi mit der Genauigkeit eines Apothekers durchgerechnet.

Spanische Partie
Lasker – Teichmann
Petersburg 1909

1.	e2–e4	e7–e5
2.	Sg1–f3	Sb8–c6
3.	Lf1–b5	a7–a6
4.	Lb5–a4	Sg8–f6
5.	0–0	Lf8–e7
6.	Dd1–e2	

Eine für Schwarz ungefährliche Variante. Aber dies ist die Ansicht des heutigen Tages, wo die Theorie der Spanischen Partie teilweise fast bis zum Endspiel reicht. In der guten alten Zeit konnte man im Eröffnungsstadium noch improvisieren – und mit Erfolg!

6.	...	b7–b5
7.	La4–b3	d7–d6
8.	c2–c3	0–0
9.	d2–d4	e5×d4
10.	c3×d4	Lc8–g4
11.	Tf1–d1	d6–d5
12.	e4–e5	Sf6–e4
13.	Sb1–c3	

26 Jahre später versuchte N. Rjumin im Internationalen Moskauer Turnier gegen Botwinnik die Variante zu verstärken, aber er erhielt nach 13. h3 Lh5 14. a4? b4! 15. a5 Kh8 16. g4 Lg6 17. Sh2 Lh4 18. Le3 f5 19. f4 Lg3 die schlechtere Stellung.

13.	...	Se4×c3
14.	b2×c3	f7−f6?

Die moderne Theorie hat diesen Zug, ausgehend vom Ergebnis dieser Partie, ad acta gelegt. Später wurde hier 14. ... Dd7 als beste Fortsetzung angegeben, zum Beispiel: 15. h3 Lh5 16. g4 Lg6 17. Lg5 Lg5: 18. Sg5: f6 19. ef Tf6: 20. Se4 Le4: 21. De4: mit gleichem Spiel (Cholmow – Podgajez 1970).

15.	h2−h3	Lg4−h5
16.	g2−g4	Lh5−f7
17.	e5−e6!	

Damit wird die Diagonale a2−g8 verstellt, aber der weiße Läufer hat bereits seine Pflicht getan und wird in Kürze auf der benachbarten Diagonale wirksam. Solche Umstellungen sind für die Spanische Partie charakteristisch.

17.	...	Lf7−g6
18.	Sf3−h4	Sc6−a5
19.	Sh4×g6	h7×g6
20.	Lb3−c2	f6−f5
21.	Kg1−h1	Le7−d6

Die schwarze Stellung ist strategisch verloren. Jetzt erhält der e-Bauer Handlungsfreiheit, und die schwarzen Drohungen werden leicht abgewehrt.

22.	g4×f5	Dd8−h4
23.	De2−f3	g6×f5

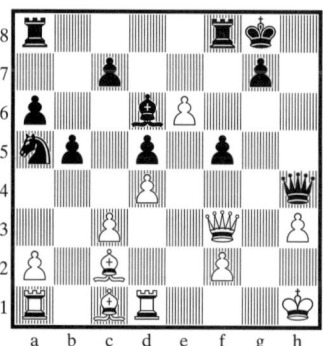

Die vorbereitende Arbeit ist getan. Nun entscheidet eine Attacke der Schwerfiguren auf der g-Linie. Lasker befolgte stets die Lehre seines großen Vorgän-

gers auf dem Schachthron, W. Steinitz, dessen eine These lautete: „Wer die Überlegenheit besitzt, muß angreifen!"

24.	Td1−g1	f5−f4
25.	Tg1−g4	Dh4−h6
26.	e6−e7!	Ld6×e7
27.	Lc1×f4	Dh6−e6
28.	Tg4×g7+!	

Diesen effektvollen Zug notierte Lasker noch, aber er mußte ihn nicht mehr auf dem Brett ausführen, denn Schwarz gab auf.

Die letzte Schlacht

Nach dem Verlust der Schachkrone im Jahre 1894 dachte Steinitz noch an eine Revanche. Aber das zweite Treffen mit Emanuel Lasker brachte ihm nur Enttäuschungen. Der gealterte König war nicht mehr in der Lage, mit seinem jungen Gegner zu konkurrieren. Auch in Turnieren mußte er Lasker den Vortritt lassen. Der Wettkampf in London ging in die Geschichte als letzte Schlacht der beiden ersten Weltmeister ein. Es war gleichzeitig auch das letzte Turnier von Steinitz – im Jahre darauf starb er.

Wiener Partie
Steinitz − Lasker
London 1899

1.	e2−e4	e7−e5
2.	Sb1−c3	Sg8−f6
3.	f2−f4	d7−d5
4.	d2−d3	

Dieser in den Partien von Steinitz gelegentlich vorkommende Zug wird von der heutigen Theorie nicht gutgeheißen.

4.	...	Sb8−c6

Ausgleich erzielt Schwarz auch leicht mittels 4. ... ef 5. ed Sd5: 6. Sd5: Dd5: 7. Lf4: Ld6 (Bronstein – Matanović, Wien 1957).

5.	f4×e5	Sc6×e5
6.	d3−d4	Se5−g6
7.	e4×d5	

Auf 7. e5 Se4 8. Se4: de 9. Lc4 oder
9. c3 folgt 9. ... c5 mit vorzüglichem
Spiel von Schwarz.

| 7. | ... | Sf6×d5 |
| 8. | Sc3×d5 | |

Ein ernster Fehler. Natürlich ist es nütz-
lich, die gegnerische Dame anzulocken
und einige Tempi zu gewinnen. In diesem Falle aber nimmt sie einen sehr be-
quemen Platz in der Brettmitte ein und
zielt auf die Residenz des weißen Königs. Sinnvoller war es, erst die Entwicklung mittels 8. Sf3 zu beenden.

8.	...	Dd8×d5
9.	Sg1−f3	Lc8−g4
10.	Lf1−e2	0−0−0
11.	c2−c3	Lf8−d6
12.	0−0	Th8−e8

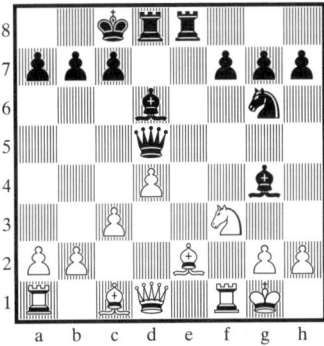

Schwarz ist vorzüglich entwickelt und
kann getrost in die Zukunft sehen.

| 13. | h2−h3 | Lg4−d7 |
| 14. | Sf3−g5 | Sg6−h4! |

Möglicherweise hatte Weiß diese Erwiderung nicht erwartet. Nach 14. ... f6
15. Lf3 Dg8 16. Se4 ist das Ärgste für ihn
überstanden.

15. Sg5−f3

Die Vereinfachungen 15. Lf3 Sf3:+ 16. Df3:
(16. Sf3: Lg3) 16. ... Df3: 17. Sf3: erleich-
tern nach 17. ... Te2 nicht die Lage von
Weiß. Natürlich hätte der Anziehende
jetzt nichts gegen die Zugwiederholung
15. ... Sg6 16. Sg5, aber der schwarze
Springer wählt einen ganz anderen Weg.

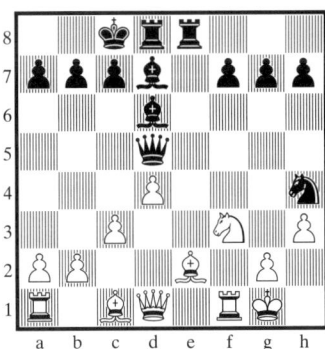

| 15. | ... | Sh4×g2!! |
| 16. | Kg1×g2 | Ld7×h3+ |

Wohl jedem Schachfreund ist folgende
Kombination des zweiten Weltmeisters
bekannt.

Diagramm zur Partie Lasker − Bauer
Amsterdam 1889

Es folgte 15. Lh7:+ Kh7: 16. Dh5:+ Kg8
17. Lg7:! Kg7: 18. Dg4+ Kh7 19. Tf3 mit
Gewinn.

Das klassische Beispiel der Zerstörung
einer Königsfestung mit Hilfe eines dop-
pelten Läuferopfers! Zehn Jahre später
demonstriert Lasker ein ähnliches takti-
sches Verfahren. Dieses Mal wird das
Opfer von zwei anderen Leichtfiguren –
einem Läufer und einem Springer – gebracht.

17. Kg2−f2

Nach 17. Kh3: folgt ein analoger Schluß, wie wir ihn in der Partie Lasker – Bauer sahen: 17. ... Df5+ 18. Kg2 Dg4+ 19. Kh1 Dh3+ 20. Kg1 Dg3+ 21. Kh1 Te4! 22. Lg5 f6 usw.

17. ...　　　f7–f6!

Die schwarze Bauernlawine setzt sich in Bewegung.

18. Tf1–g1　　g7–g5
19. Lc1×g5

Weiß gibt eine Figur zurück, kann aber seinem Schicksal nicht entgehen.

19. ...　　　f6×g5
20. Tg1×g5　　Dd5–e6
21. Dd1–d3　　Ld6–f4
22. Ta1–h1

Der andere weiße Turm hat kein gutes Rückzugsfeld: 22. Tg7 Le3+ 23. Ke1 Lf5, und die schwarze Dame schwenkt direkt auf die h-Linie oder 22. Ta5 Le3+ 23. Ke1 Dg4 usw.

22. ...　　　Lf4×g5
23. Sf3×g5　　De6–f6+
24. Le2–f3　　Lh3–f5
25. Sg5×h7　　Df6–g6
26. Dd3–b5　　c7–c6
27. Db5–a5　　Te8–e7
28. Th1–h5　　Lf5–g4
29. Th5–g5　　Dg6–c2+
30. Kf2–g3　　Lg4×f3

Weiß gab auf.

Zum Schluß noch drei Beispiele von scharfen Kombinationspartien Laskers, in denen er angriff und nicht vor Opfern zurückschreckte. Die beiden ersten Kurzpartien wurden im Kampf um die Weltmeisterschaft gespielt.

Französische Verteidigung
Lasker – Tarrasch
Deutschland 1908

1. e4 e6 2. d4 d5 3. Sc3 Sf6 4. Lg5 Lb4 5. ed Dd5: 6. Sf3 c5 7. Lf6: gf 8. Dd2 Lc3: 9. Dc3: Sd7 10. Td1 Tg8 11. dc Dc5:

12. Dd2 Db6 13. c3 a6 14. Dc2 f5 15. g3 Sc5 16. Lg2 Dc7 17. De2 b5 18. 0–0 Lb7 19. c4 b4 20. Dd2 Tb8 21. Dh6 Lf3: 22. Lf3: De5 23. Tfe1 Db2: 24. Df4 Tc8 25. Dd6 f6 26. Lh5+ Tg6 27. Lg6:+ hg 28. Te6:+. Schwarz gab auf.

Vierspringerspiel
Tarrasch – Lasker
Deutschland 1908

1. e4 e5 2. Sf3 Sc6 3. Lb5 Sf6 4. Sc3 Lb4 5. 0–0 0–0 6. d3 d6 7. Lg5 Le6 8. d4 ed 9. Sd4: h6 10. Lh4 Se5 11. f4 Lc5! 12. Lf6: Df6: 13. fe De5: 14. Se2 Lg4! 15. Tf3 Lf3: 16. gf f5 17. Dd3 c6 18. Lc4+ Kh8 19. Kh1 b5 20. Lb3 fe 21. De4: De4: 22. fe Tae8 23. Sc6: Te4: 24. Sg3 Tee8 25. Td1 Tf2 26. Sd4. (Ein grober Fehler. Im übrigen droht h6–h5–h4 und Turmverdopplung, und 26. ... Ld4: ist schwerlich zu verhindern.) Weiß gab auf.

Russische Partie
Lasker – Marshall
Petersburg 1914

1. e4 e5 2. Sf3 Sf6 3. Se5: d6 4. Sf3 Se4: 5. De2. (Ein von Morphy eingeführtes System, das Lasker grundlegend ausgearbeitet hat.) 5. ... De7 6. d3 Sf6 7. Lg5 Le6 8. Sc3 Sbd7 9. 0–0–0 h6 10. Lh4 g5 11. Lg3 Sh5 12. d4 Sg3: 13. hg g4 14. Sh4 d5 15. Db5! 0–0–0 16. Da5. (Vermeidet 16. Sd5:? Ld5: 17. Dd5: Dg5+! 18. Dg5: hg mit Springerverlust.) 16. ... a6 17. La6:! ba 18. Da6:+ Kb8 19. Sb5 Sb6 20. Td3 Dg5+ 21. Kb1 Ld6 22. Tb3 The8 23. a4 Lf5 24. Sa7 Ld7 25. a5 Dd2 26. ab Te1+ 27. Ka2 c6 28. Sb5! cb 29. Da7+.
Schwarz gab auf.

José Raoul Capablanca
* 19. 11. 1888   † 8. 3. 1942

3. Weltmeister 1921 – 1927

Tanzende Springer

Als der große Kubaner einmal gefragt wurde, was er vom Schaffen M. Tschigorins halte, antwortete er mit großer Herzlichkeit und fügte beinahe bedauernd hinzu, daß der russische Schachmeister etwas zu sehr das Spiel mit beiden Springern liebte. Doch Don José, wie Capablanca ehrfurchtsvoll genannt wurde, konnte selbst hervorragend mit den Rössern umgehen, wenn es nötig war. Seinerzeit bestrafte er unerbittlich seine Gegner, wenn diese ihre Kavallerie nicht geschickt genug befehligen konnten.

Damengambit
Capablanca – Janowski
New York 1918

1.	d2–d4	d7–d5
2.	Sg1–f3	Sg8–f6
3.	c2–c4	e7–e6
4.	Lc1–g5	Sb8–d7
5.	e2–e3	c7–c6
6.	Sb1–d2	

Ein Patent Capablancas im Damengambit. Diese Entwicklung des Springers verfolgt drei Ziele: Erstens vermeidet Weiß die Cambridge-Springs-Variante, die nach 6. Sc3 Da5 entsteht. Zweitens wird die schwarze Zentrumsoperation 6. Sc3 Le7 7. Tc1 0–0 8. Ld3 dc 9. Lc4: Sd5 verhindert, die Capablanca selbst in die Praxis einführte und die auch heute noch mit Erfolg angewendet wird.

Schließlich unterbindet Weiß das erweiterte Fianchetto d5×c4, a7–a6, Lc8–b7 und c6–c5, da der Springer auf c4 schlägt, was sich eindeutig als vorteilhaft für Weiß erweist. Ein wesentlicher Nachteil des Springermanövers nach d2 besteht darin, daß der Druck auf den Punkt d5 nicht stark genug ist, so daß Schwarz ohne Mühe c6–c5 durchsetzen kann, was zu einer Stellung im Sinne der Tarrasch-Verteidigung führt. In dieser Partie kommt Janowski allen Wünschen seines Gegners entgegen.

6.	...	Lf8–e7
7.	Lf1–d3	d5×c4?
8.	Sd2×c4	0–0
9.	0–0	c6–c5
10.	Ta1–c1	b7–b6
11.	Dd1–e2	Lc8–b7
12.	Tf1–d1	Sf6–d5

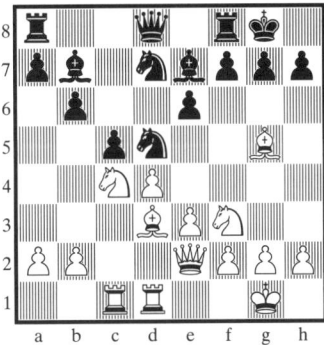

| 13. | Sc4–d6! |

Schwarz hatte gehofft, die schwarzfeldrigen Läufer tauschen zu können und seine Dame bequem ins Spiel zu bringen, aber der feine Zwischenzug durchkreuzt seine Pläne.

| 13. | ... | Lb7−c6 |
| 14. | Sd6−e4 | f7−f5 |

Der Springer im Zentrum ist sehr stark und nicht zu vertreiben, zum Beispiel 14. ... Lg5: 15. Sfg5: h6 16. Sf3 De7 17. dc bc 18. Lb1, und der schwarze Bauer c5 ist in großer Gefahr.

| 15. | Lg5×e7 | Dd8×e7 |
| 16. | Se4−d2 | |

Der Springer hat seine Pflicht getan. Jetzt läßt die Schwäche des Feldes e5 Schwarz keine Ruhe, und er beseitigt sie unverzüglich, wobei er einen wesentlichen positionellen Fehler begeht.

16.	...	e6−e5?
17.	d4×e5	Sd7×e5
18.	Sf3×e5	De7×e5
19.	Sd2−f3	De5−e7
20.	Sf3−d4!	

Mehr als ein Drittel aller Züge hat dieser tolle Springer ausgeführt und bringt nun, indem er sich opfert, Weiß das entscheidende Übergewicht.

20.	...	c5×d4
21.	Tc1×c6	Sd5−b4
22.	Ld3−c4+	Kg8−h8
23.	Tc6−e6	d4−d3
24.	Td1×d3	De7−c5

Die folgenden Züge von Schwarz sind erzwungen. Mit einem Bauern weniger in schlechterer Stellung kann er auf nichts mehr hoffen.

25.	Td3−d4	b6−b5
26.	Lc4×b5	Sb4×a2
27.	Lb5−c4	Sa2−b4
28.	De2−h5!	g7−g6
29.	Te6×g6	Ta8−d8
30.	Tg6−g7!	

Schwarz gab auf.

Auf spanischen Pfaden

Haben Sie schon einmal darüber nachgedacht, warum wohl alle Weltmeister und Anwärter auf den Schachthron Virtuosen in der Behandlung der Spanischen Partie waren? Ausgehend von der Individualität eines jeden großen Schachmeisters war ja das Eröffnungsrepertoire in der Regel sehr breit gefächert. Mir scheint, daß die Ursache hier im „Spanier" selbst liegt. Es handelt sich um eine vielschichtige Eröffnung, die die anderen offenen Partieanfänge überragt und sich ihrem Gehalt nach wenig von den klassischen geschlossenen unterscheidet. Sie beinhaltet auch Zwischentöne, zum Beispiel findet man hier auch Gambitvarianten. Schaut man sich die folgende Partie an, kann man sich des Eindrucks nicht erwehren, etwas Bekanntes zu sehen. Wenn man die Namen der Gegner sowie das Datum nicht wüßte, könnte man leicht annehmen, daß die Partie erst vor kurzem in einem der zahlreichen internationalen Turniere gespielt wurde. Kontrahent Capablancas, der kurz zuvor die Schachkrone verlor, aber noch im Vollbesitz seiner Kräfte war, ist der junge E. Lundin, der später eine Zeitlang bester Spieler Schwedens war. Die Partie wurde in einer Simultanveranstaltung gespielt, aber da es nur sieben Teilnehmer gab, kann man das Duell als ernsthafte Begegnung bezeichnen.

Spanische Partie
Capablanca − Lundin
Stockholm 1928

1.	e2−e4	e7−e5
2.	Sg1−f3	Sb8−c6
3.	Lf1−b5	a7−a6
4.	Lb5−a4	Sg8−f6
5.	0−0	Lf8−e7
6.	Tf1−e1	b7−b5
7.	La4−b3	d7−d6
8.	c2−c3	Sc6−a5?!

Sicherer ist 8. ... 0–0. Wenn Weiß jetzt das vorsorgliche h2–h3 ausläßt, kann Schwarz den Läuferausfall nach g4 verwirklichen, ohne den Zug c7–c5 auszuführen und behält sich für den Fall, daß Weiß das Zentrum schließt, den Vorstoß c7–c6 vor.

9.	Lb3–c2	c7–c5
10.	d2–d4	Dd8–c7
11.	Sb1–d2	Lc8–g4?!

Bis zum letzten Zug von Schwarz war diese Stellung in der damaligen Praxis bereits vorgekommen, zum Beispiel folgte in der Partie Capablanca – Vidmar (New York 1927) 11. ... 0–0 12. h3 Sc6 13. d5 Sd8. Interssant ist, daß der Zug 11. ... Lg4 von Aljechin in einem Turnier-Sammelband empfohlen wurde. Sicher ist er nicht optimal, weil die Konstellation von Dame c7 und Läufer g4 bei geschlossenem Zentrum zu einer passiven schwarzen Stellung führt. Verständlich, daß auch Capablanca dieser Meinung ist – er riegelt sofort das Zentrum ab.

12.	h2–h3	Lg4–h5
13.	d4–d5!	0–0
14.	Sd2–f1	Sa5–b7
15.	g2–g4	Lh5–g6
16.	Sf1–g3	

Jetzt befindet sich auch der schwarze Läufer in einer gefährlichen Lage. Um ihn zu befreien, muß der Königsflügel geschwächt werden.

16.	...	Sf6–d7
17.	h3–h4	f7–f6
18.	h4–h5	Lg6–e8
19.	a2–a4!	

Bevor Capablanca zu aktiven Handlungen am Königsflügel übergeht, schließt er den Damenflügel. Gerade durch die Partien des großen Kubaners erlernten viele Generationen diese feine Methode der Spielführung in der Spanischen Partie.

| 19. | ... | Sd7–b6 |
| 20. | a4–a5 | |

Eine ähnliche Strategie verwirklichte R. Fischer in der 10. Wettkampfpartie gegen Spasski in Reykjavik. Im vorliegenden Falle ist diese Blockade sogar noch günstiger für Weiß, da das Zentrum bereits geschlossen und am Königsflügel schon viel erreicht ist.

| 20. | ... | Sb6–c4 |
| 21. | b2–b4 | |

Jetzt sind die beiden schwarzen Springer bis zum Ende der Partie lahmgelegt.

21.	...	g7–g6
22.	h5×g6	h7×g6
23.	Kg1–g2	Le8–d7

Die Züge von Schwarz haben bereits keine große Bedeutung mehr. Weiß diktiert vollkommen den Gang der Ereignisse.

| 24. | Sf3–h4 | Kg8–g7 |

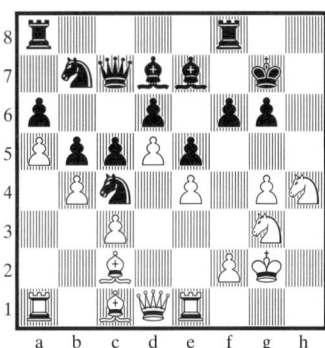

25.   Sg3–f5+!

Eine Methode, die man heute als beispielhaft bezeichnen kann. Der geschwächte schwarze Königsflügel wird endgültig zerstört. Weiß benötigt nicht einmal die Mithilfe des Läufers c2 oder des Turms a1.

25.	...	g6×f5
26.	g4×f5	Tf8–g8
27.	Dd1–h5	Ld7–e8
28.	Sh4–g6!	Le7–d8
29.	Kg2–f3!	

Ein stiller Zug, der durch seine Ästhetik besticht. Nach 29. ... Kf7 30. Dh7+ Tg7 31. Sh8+ Kf8 32. Lh6 ist die gesamte schwarze Figurenstreitmacht unfähig, dem gefesselten Turm zu helfen.

Schwarz gab auf.

Ein genialer Zug

Den letzten Zug in dieser Kurzpartie nannte M. Botwinnik genial. Vielleicht ist dies ein wenig übertrieben, aber ein treffenderes Beispiel zum Thema Ablenkung ist kaum zu finden.

Damengambit
Bernstein – Capablanca
Moskau 1914

1.	d2–d4	d7–d5
2.	c2–c4	e7–e6
3.	Sg1–f3	Sg8–f6
4.	Sb1–c3	Lf8–e7
5.	Lc1–g5	0–0
6.	e2–e3	Sb8–d7
7.	Ta1–c1	b7–b6
8.	c4×d5	e6×d5

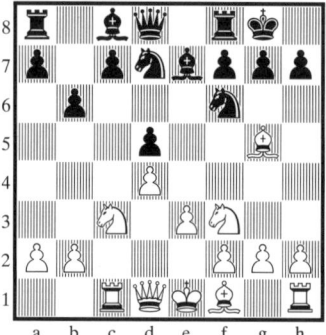

Capablanca spielte das Damengambit gern mit Weiß und auch mit Schwarz. Es sei daran erinnert, daß von den 34 Partien seines WM-Matchs gegen A. Aljechin, das dem russischen Schachmeister den Titel einbrachte, 32 mit dieser Eröffnung begonnen wurden. Bei weitem nicht alle mündeten in einen scharfen Kampf...

Und als das Damengambit in meinem langen Duell gegen Kasparow (1984/85) häufig vorkam, wurden an meine Adresse nicht wenige Vorwürfe gerichtet. Aber die Zeit relativiert alles. Ich möchte hinzufügen, daß unsere im Damengambit (und auch die in anderen

Eröffnungen) demonstrierten Ideen von Großmeistern in den verschiedensten Turnieren aufgegriffen wurden...

Die Diagrammstellung kam bereits in der Partie Capablanca – Teichmann (Berlin 1913) vor, in der Weiß nach 9. Lb5 Lb7 10. 0–0 a6 11. La4 Tc8 12. De2 c5 13. dc Sc5: 14. Tfd1 Übergewicht erhielt. Zur damaligen Zeit verbreiteten sich Schachinformationen sehr langsam, anders ist es schwer zu erklären, warum Bernstein eine weniger starke Fortsetzung wählt.

9.	Dd1–a4	Lc8–b7

Auf 9. ... c5 befürchtete Schwarz den Zug 10. Dc6, und der Tempoverlust stört ihn nicht. Die weiße Dame gelangt nach a6, richtet aber dort nichts aus.

10.	Lf1–a6	Lb7×a6
11.	Da4×a6	c7–c5
12.	Lg5×f6	

Auch die Fortsetzungen 12. dc und 12. 0–0 wurden analysiert, aber von einem weißen Vorteil kann danach schon keine Rede mehr sein.

12.	...	Sd7×f6
13.	d4×c5	b6×c5
14.	0–0	Dd8–b6
15.	Da6–e2	c5–c4!
16.	Tf1–d1	

Nach Capablancas Ansicht hätte Weiß mit 16. e4 Ausgleich bewahrt. Auf jeden Fall mußte der e-Bauer einen Zug später gezogen werden.

16.	...	Tf8–d8
17.	Sf3–d4	Le7–b4!

Schwarz hat die Initiative am Damenflügel ergriffen, wo sich auch das Schicksal der Partie entscheidet.

18.	b2–b3	Ta8–c8
19.	b3×c4	d5×c4
20.	Tc1–c2	Lb4×c3
21.	Tc2×c3	Sf6–d5!

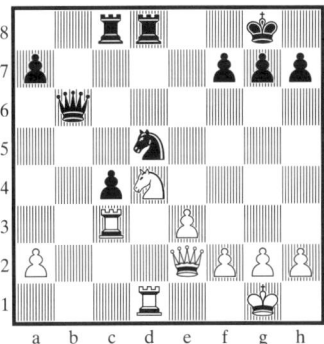

22. Tc3–c2

Auf 22. Tc4: beabsichtigte Capablanca den Kampf mittels 22. ... Sc3! zu beenden.

22.	...	c4–c3
23.	Td1–c1	Tc8–c5
24.	Sd4–b3	Tc5–c6
25.	Sb3–d4	Tc6–c7
26.	Sd4–b5	Tc7–c5
27.	Sb5×c3	

Nach 27. Sd4 Tdc8 ist die Lage von Weiß nicht gerade leicht, aber das Spiel würde noch weitergehen.

27.	...	Sd5×c3
28.	Tc2×c3	Tc5×c3
29.	Tc1×c3	

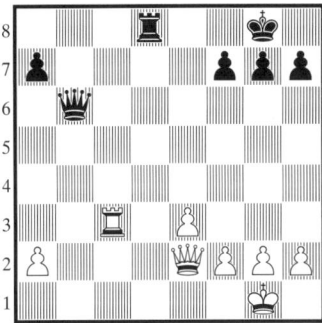

Bevor Bernstein noch überlegen konnte, warum sein Partner den Bauern einfach opferte, folgte ...

29. ...   Db6–b2!!

Und Weiß gab auf, nachdem er begriffen hatte, was geschehen war.

Der folgende flotte Kurzsieg Capablancas demonstriert die Kraft eines Freibauern.

Damengambit
Capablanca – Spielmann
New York 1927
**1. d4 d5 2. Sf3 e6 3. c4 Sd7 4. Sc3 Sgf6
5. Lg5 Lb4 6. cd ed 7. Da4 Lc3:+ 8. bc
0–0 9. e3 c5 10. Ld3 c4 11. Lc2 De7
12. 0–0 a6 13. Tfe1 De6 14. Sd2 b5
15. Da5 Se4? 16. Se4: de 17. a4 Dd5**
Zum Ausgleich führen würde jetzt 18. Lf4 Lb7 19. Teb1 Lc6 oder 18. Le7 Te8 19. ab Lb7, aber der Läufer bleibt unbeirrt an seinem Platz.
18. ab!!

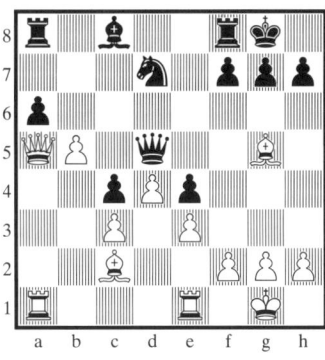

**18. ... Dg5: 19. Le4: Tb8 20. ba Tb5
21. Dc7 Sb6 22. a7 Lh3 23. Teb1!
Tb1:+ 24. Tb1: f5 25. Lf3 f4 26. ef
Schwarz gab auf.**

Alexander Aljechin
* 1. 11. 1892   † 24. 3. 1946

4. Weltmeister 1927 – 1935

und 1937 – 1946

Hohe Schule des Damengambits

Die hervorragendsten Schachmeister der Vergangenheit wirkten unter Bedingungen, die sich deutlich von den heutigen unterscheiden. Berufsspieler gab es wenige, starke Turniere waren eine Seltenheit. Es fehlte eine operative Information über gehaltvolle Eröffnungsideen, die von Zeit zu Zeit in Meisterpartien entstanden. Sie wurden nur den Augenzeugen, das heißt, den Teilnehmern des betreffenden Wettkampfes, bekannt. Konkrete Eröffnungskenntnisse wurde durch das Aufstellen eines strategischen Plans ersetzt, mit analytischer Arbeit befaßten sich einzelne Spieler, die dem Schach fanatisch ergeben waren. Führend auf diesem Gebiet war ohne Zweifel der erste russische Weltmeister Alexander Aljechin. Er feilte unablässig an Stellungen, die sich aus den verschiedensten Eröffnungssystemen und Varianten ergaben. Das reiche theoretische Erbe des großen Maestros erfaßte beinahe alle Eröffnungen, besonders aber das Damengambit. Hier grenzten die Kunst und der wissenschaftliche Scharfblick Aljechins an Zauberei.

Die folgende Partie ist, obwohl nicht frei von Fehlern, sehr lehrreich, weil sie anschaulich demonstriert, wie sich eigene Konzeptionen in der Praxis bewähren können.

Damengambit
Aljechin – Maroczy
Bled 1931

1.	d2–d4	d7–d5
2.	Sg1–f3	Sg8–f6
3.	c2–c4	e7–e6
4.	Lc1–g5	Sb8–d7
5.	e2–e3	h7–h6

Aljechin, der die Partie 1932 in einer theoretischen Abhandlung über das Damengambit kommentierte, tadelte diesen Zug wegen folgender Überlegungen: „Nachdem das Damengambit vier Jahrzehnte lang von fast allen Schachmeistern der Gegenwart gespielt wird, könnte angenommen werden, daß diese Frage (die Vertreibung des weißen Läufers mittels h7–h6) bis ins Detail untersucht ist. Aber wie die Praxis der letzten Jahre und besonders das Turnier in Bled zeigen, ist dies bei weitem nicht der Fall. Selbst die erfahrensten Meister spielen h7–h6, wenn es nicht sein soll und verzichten darauf, wenn es der Stellung entspricht oder wenn es einfach notwendig ist." Dem hinzugefügt sei nur noch, daß die Verteidigungsressourcen von Schwarz in dieser Variante nach wie vor groß sind.

6.	Lg5–h4	Lf8–e7
7.	Sb1–c3	0–0
8.	Ta1–c1	c7–c6
9.	Lf1–d3	

Das erste Ergebnis des verfrühten Vorstoßes des h-Bauern. Schwarz beraubte sich der Möglichkeit, eine Entlastung a la Capablanca vorzunehmen, weil auf 9. ... dc 10. Lc4: Sd5 das unangenehme 11. Lg3 folgen würde.

9.	**...**	**a7–a6**
10.	**0–0**	**d5×c4**
11.	**Ld3×c4**	**c6–c5**
12.	**a2–a4**	

Eine Ungenauigkeit von Weiß. Besser war 12. Ld3 b5 13. a4. Jetzt bekommt Schwarz Gegenspiel, das zum Ausgleich reicht.

12.	**...**	**Dd8–a5!**
13.	**Dd1–e2**	**c5×d4**
14.	**e3×d4**	**Sd7–b6**
15.	**Lc4–d3**	**Lc8–d7**

Der Bauer a4 ist nicht zu nehmen. Nach 15. ... Sa4:? 16. Se4 würde Weiß gefährlichen Angriff erhalten.

16.	**Sf3–e5**	

Es droht 17. Lf6: Lf6: 18. De4 mit starker Attacke.

16.	**...**	**Tf8–d8**
17.	**f2–f4**	

In einem späteren Kommentar schlug Aljechin 17. Df3 vor, denn er nahm an, daß dies Weiß in Vorteil bringt, zum Beispiel: 17. ... Sa4: 18. Se4!; 17. ... La4: 18. Db7: oder 17. ... Lc6 18. Sc6: bc 19. Tfd1. Aber Schwarz hatte eine stärkere Erwiderung zur Verfügung – 17. ... Db4!, und jetzt kann Weiß in der Variante 18. Lf6: Lf6: 19. De4 Le5: 20. Dh7+ Kf8 21. de Lc6 den Bauern g7 wegen des ungeschützten Läufers d3 nicht schlagen. Und 18. a5 Dd4: 19. Lf6: Lf6: 20. Sf7: geht nicht wegen 20. ... Lc6!, und im Falle von 18. Tfd1 Le8 19. Db7: Sa4: erwachen die schwarzen Figuren zum Leben.

17.	**...**	**Ld7–e8**
18.	**Se5–g4**	**Td8×d4?!**

Maroczy vergißt seine sonstige Vorsicht und läßt sich von einem Bauerngewinn verführen. Sicherer war 18. ... Sbd5 mit ungefährem Gleichgewicht.

19.	**Lh4×f6**	**Le7×f6**
20.	**Sg4×f6+**	**g7×f6**

21.	**Sc3–e4**	**Ta8–d8?**

Hier mußte Schwarz mit 21. ... f5 fortsetzen, obwohl der weiße Angriff nach 22. Sf6+ Kf8 (22. ... Kg7 23. De3!) 23. b3 gefährlich geblieben wäre.

22.	**Se4×f6+**	**Kg8–f8**
23.	**Sf6–h7+**	

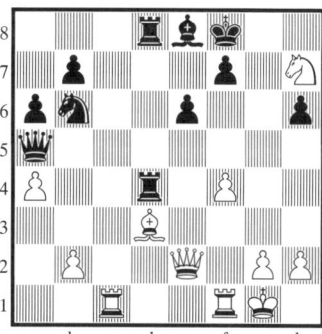

Obgleich viele Kommentatoren das Springerschach bereits mit einem Fragezeichen versahen, äußerte sich auch der Schöpfer dieser Miniatur selbstkritisch dazu: „Solche Schachs gibt man im Eifer des Gefechts nur, wenn sie forciert zum Gewinn führen oder eine gefährliche Fortsetzung des Gegners unterbinden." Im gegebenen Falle war das einfache 23. f5! wirksamstes Angriffsmittel.

23.	**...**	**Kf8–e7**
24.	**f4–f5**	**Td8–d6!**
25.	**b2–b4!?**	

Gerade dieses effektvolle Opfer schwebte Aljechin bei der Wahl des 23. Zuges vor. Sein Sinn besteht in der Ablenkung der schwarzen Dame. Auf 25. ... Tb4: würde 26. Dh5 folgen, was sofort wegen der Antwort 25. ... Dd2 nicht geht. Nach dem Schlagen des Bauern mit der Dame dringt ihre weiße Kollegin ins Hinterland des Feindes ein. Schwarz aber konnte sich noch einmal mit Glück verteidigen.

25.	**...**	**Da5×b4**
26.	**De2–e5**	**Sb6–d7**
27.	**De5–h8**	

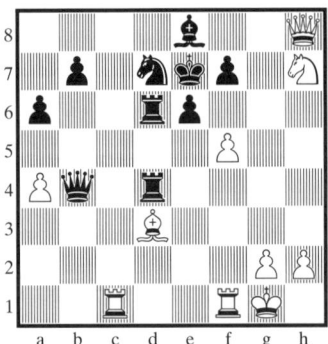

Droht Matt in drei Zügen, wobei 27. ... Db6 wegen 28. a5 Da5: 29. Tc8 nichts hilft. Doch nach 27. ... Tc6! könnte Schwarz die hauptsächlichen Drohungen abwehren, zum Beispiel 28. Tc6: bc 29. fe fe 30. Sf6 Sf6: 31. Df6:+ Kd7 32. Dg7+ Kd8 33. La6: Da4: 34. Dh6:, und Weiß besitzt nur minimalen Vorteil dank der offenen Stellung des schwarzen Königs. Leider gerät der hervorragende ungarische Großmeister, der die komplizierteste Verteidigung gegen den Weltmeister durchgestanden hatte, dennoch ins Fangnetz.

27. ...   **Td4×d3?**
28. f5–f6+

Schwarz gab auf, und zwar wegen der Variante 28. ... Kd8 29. De8:+ Ke8: 30. Tc8 matt.

Erstürmung der Königsfestung

Wieviele begeisterte Worte wurden schon über den kombinatorischen Blick, die schöpferische Phantasie usw. geäußert. Aber zum vollen Erfolg ist auch unbedingt ein genaues Berechnen notwendig, denn ein unscheinbares Detail kann die tiefgründigste Idee zerstören.

Caro-Kann-Verteidigung
Aljechin – Tartakower
Kecskemet 1927
1. e2–e4   **c7–c6**
2. d2–d4   **d7–d5**
3. Sb1–c3   **d5×e4**

4. Sc3×e4   **Sg8–f6**
5. Se4–g3   **e7–e5**

Es hat keinen besonderen Wert, das Anfangsstadium der Partie zu kommentieren, weil vor über 60 Jahren noch keine ernsthafte Theorie der halboffenen Eröffnungen existierte.

6. Sg1–f3   **e5×d4**
7. Sf3×d4

Zu leichtem weißen Vorteil führt 7. Dd4: Dd4: 8. Sd4: Lc5 9. Sdf5 0–0 10. Le3, wie Aljechin gegen Capablanca spielte (New York 1927).

7. ...   **Lf8–c5**

Genauer war 7. ... Le7 mit anschließender Rochade.

8. Dd1–e2+!   **Lc5–e7**
9. Lc1–e3   **c6–c5?**

Ein schwacher Zug, der Angriffsobjekte schafft und zum Verlust entscheidender Felder im Zentrum führt. Schwarz mußte die Variante 9. ... 0–0 10. 0–0–0 Da5 11. Kb1 Sd5 12. Df3 anstreben.

10. Sd4–f5   **0–0**
11. De2–c4!   **Tf8–e8**
12. Lf1–d3   **b7–b6**
13. 0–0–0   **Lc8–a6**
14. Sf5–h6+!

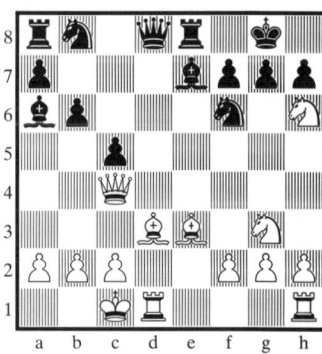

Eine genau berechnete Kombination, die dank dreier Faktoren möglich wurde: Die weißen Figuren zielen drohend auf den gegnerischen Königsflügel, der weiße Turm und die schwarze Dame stehen sich auf der d-Linie gegenüber, und die Diagonale h1–a8 ist eine Schwäche aus schwarzer Sicht.

14.	...	g7×h6
15.	Ld3×h7+!	Sf6×h7
16.	Dc4–g4+	Kg8–h8
17.	Td1×d8	Te8×d8
18.	Dg4–e4	Sb8–c6
19.	De4×c6	Le7–f8

Die Kombination ist beendet. Weiß besitzt entscheidende materielle und positionelle Überlegenheit.

20.	Sg3–f5	La6–c4
21.	Le3×h6	Lc4–d5
22.	Dc6–c7	Ta8–c8
23.	Dc7–f4	Tc8–c6
24.	Lh6×f8	Td8×f8
25.	Df4–e5+	Sh7–f6
26.	Sf5–d6!	

Schwarz gab auf.

Wie greift man den König an?

In dieser Partie gewann Weiß auf völlig überraschende Weise die Oberhand. Aljechin spielte hier genau so wie in zwei anderen Duellen.

Damenindische Verteidigung
Aljechin – Bogoljubow
Triberg 1921

1.	d2–d4	Sg8–f6
2.	Sg1–f3	e7–e6
3.	c2–c4	b7–b6
4.	g2–g3	Lc8–b7
5.	Lf1–g2	c7–c5
6.	d4×c5	

Stärker ist 6. d5 und 7. Sh4. Diese Idee tauchte zum ersten Mal in der 12. Partie des Kandidaten-Viertelfinalmatchs Polugajewski – Kortschnoi (Buenos Aires 1980) auf. Wenn Schwarz den weißen d-Bauern mittels c7–c5 „antreibt", so muß dieser ohne zu zögern nach vorn gehen.

6.	...	Lf8×c5

Zu gleichem Spiel führt 6. ... bc, wodurch der Bauer ins Zentrum gezogen wird. Gefährlich wäre es, Weiß den Punkt d4 zu überlassen.

7.	0–0	0–0
8.	Sb1–c3	d7–d5
9.	Sf3–d4!	Lc5×d4

Die Initiative ist auf seiten von Weiß, und der Tausch des Läufers gegen den Springer ändert nichts an dieser Tatsache.

10.	Dd1×d4	Sb8–c6
11.	Dd4–h4	d5×c4
12.	Tf1–d1	Dd8–c8

Nach 12. ... De7 13. Lg5 h6 14. Lf6: Df6: 15. Df6: gf 16. Td7 würde Weiß zwei Figuren für den Turm gewinnen.

13.	Lc1–g5!	Sf6–d5
14.	Sc3×d5	e6×d5
15.	Td1×d5!	Sc6–b4

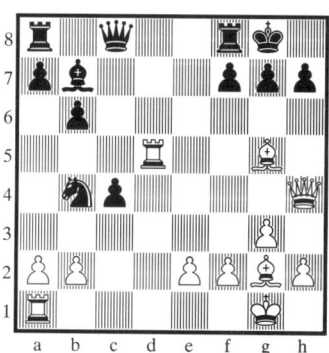

Nach dem Rückzug des Turms hätte Weiß nicht mehr den Vorteil des Läuferpaares, und Schwarz käme ungeschoren davon. Doch auf J. Bogoljubow wartet eine unangenehme Überraschung.

16.	Lg2–e4!!	

„Das entscheidet, wie aus den angeführten Varianten ersichtlich ist. Ich möchte die Aufmerksamkeit des Lesers auf die Identität dieser Partie mit zwei anderen lenken", schreibt Aljechin und meint damit seine Begegnungen mit Schterk und Rubinstein. Weiter fährt Aljechin fort: „Hauptmerkmal dieser Partie ist ein überraschender und schnell entscheidender Angriff. Nicht eine der

Attacken wurde in unmittelbarer Nähe ihres Objekts vorbereitet. Im Gegenteil: alle vorhergehenden Manöver mit dem Ziel, die feindlichen Figuren von der Verteidigung ihres Königs abzulenken, entwickelten sich im Zentrum des Bretts oder am anderen Flügel. Interessant ist dabei, daß der entscheidende Zug, den man mit einem Hammerschlag vergleichen kann, durch den Läufer erfolgt und überall mit Opfern verbunden ist. ..."

16.   ...   f7–f5

Auf 16. ... g6 entscheidet 17. Lf6 Sd5: 18. Ld5: h5 19. Lc3 Dd8 20. Dd4 mit undeckbarem Matt, und auf 16. ... h6 folgt 17. Lh6: f5 18. Dg5 Dc7 (18. ... Tf7 19. Tf5: Le4: 20. Tf7: Kf7: 21. Dg7:+ Ke6 22. Td1!) 19. Lg7: Dg7: 20. Tg7:+ Kg7: 21. Td7+.

17.	**Le4×f5!**	**Tf8×f5**
18.	**Td5–d8+**	**Dc8×d8**
19.	**Lg5×d8**	

Weiß verfügt über großen materiellen Vorteil, aber Schwarz leistet noch bis zum 30. Zug Widerstand.

19.	**...**	**Ta8–c8**
20.	**Ta1–d1**	**Tf5–f7**
21.	**Dh4–g4**	**Sb4–d3**
22.	**e2×d3**	**Tc8×d8**
23.	**d3×c4**	**Td8–f8**
24.	**f2–f4**	**Tf7–e7**
25.	**Kg1–f2**	**h7–h6**
26.	**Td1–e1**	**Lb7–c8**
27.	**Dg4–f3**	**Te7–f7**
28.	**Df3–d5**	**g7–g5**
29.	**Te1–e7**	**g5×f4**
30.	**g3×f4**	

Schwarz gab auf. Die Partie wurde mit einem Schönheitspreis ausgezeichnet, den sie dem Zug 16. Le4!! verdankt.

Als Ergänzung zum Thema „Die Rolle des Zuges h7–h6 im Damengambit" noch eine Aljechinsche Miniatur.

Damengambit
Aljechin – Vidmar
Bled 1931
1. d4 d5 2. Sf3 Sf6 3. c4 c6 4. Sc3 e6 5. Lg5 Le7 6. e3 0–0 7. Dc2 Se4
Hier war das vorbeugende 7. ... h6 8. Lh4 nebst 8. ... Se4 und der Springertausch auf c3 nützlicher.
8. Le7: De7: 9. Ld3 Sc3: 10. bc Kh8
Der jugoslawische Großmeister wollte schlau sein und ohne den die Stellung schwächenden Zug h7–h6 auskommen. Bald jedoch bereut er dies.
11. cd! ed 12. 0–0 Lg4 13. Se5 Lh5 14. Lh7:! g6 15. g4 Lg4: 16. Sg4: Dg5 17. h3 Kh7: 18. f4 Dh4 19. Kh2 Sd7 20. Tb1! b6 21. Tg1 Sf6 22. Se5 Se4 23. Tbf1 Kg7 24. Tg4 Dh6 25. f5!, und Weiß besaß eine Gewinnstellung.

Max Euwe

* 20. 5. 1901   † 26. 11. 1981

5. Weltmeister 1935 – 1937

Fünf Könige auf einmal

Das Turnier in Nottingham 1936 war eines der bedeutendsten in der Schachgeschichte. Es ist schwer, einen anderen Wettbewerb anzuführen, in dem gleichzeitig fünf Schachweltmeister angetreten sind: ein amtierender (Euwe), zwei frühere (Lasker und Capablanca), ein sowohl gewesener als auch zukünftiger (Aljechin) und noch ein künftiger (Botwinnik). Wenn man bedenkt, daß Lasker 1894 Weltmeister wurde und Botwinnik die Krone 1963 endgültig verlor, dann duellierten sich in Nottingham faktisch Schachgrößen, die die Weltherrschaft insgesamt 70 Jahre innehatten.

Für uns ist das Turnier auch deshalb interessant, weil in ihm viele entschiedene Kurzpartien vorkamen. Heute, nach über einem halben Jahrhundert, kann man sich angesichts der entwickelten Spieltechnik und des gewachsenen Eröffnungswissens schwer vorstellen, daß in einem Wettbewerb von derartigem Rang eine so große Zahl von Partien „vorzeitig" entschieden wurde. Die ersten beiden Plätze nach der Anzahl ihrer Kurzsiege teilten sich der fünfte und der sechste Weltmeister: Euwe und Botwinnik schufen je drei Miniaturen. Aljechin, der ein Buch über das Turnier schrieb, nannte den Sieg von Euwe in der folgenden Begegnung eine der besten schöpferischen Leistungen in Nottingham.

Slawische Verteidigung
Vidmar – Euwe
Nottingham 1936

1.	d2–d4	d7–d5
2.	c2–c4	c7–c6
3.	Sg1–f3	Sg8–f6
4.	Sb1–c3	d5×c4
5.	a2–a4	Lc8–f5
6.	Sf3–e5	Sb8–d7
7.	Se5×c4	Dd8–c7
8.	g2–g3	e7–e5
9.	d4×e5	Sd7×e5
10.	Lc1–f4	Sf6–d7
11.	Lf1–g2	Ta8–d8

In der 20. Partie des Weltmeisterschaftskampfes Aljechin – Euwe (Holland 1935) kam genau diese Variante vor, wobei Euwe mit Weiß spielte. Nach 11. ... f6 12. 0–0 Td8 13. Dc1 Db8 14. Sa4 kam er in Vorteil und errang den Sieg. Doch eine genaue Analyse der Stellung, so scheint es, überzeugte Euwe davon, daß die Chancen von Schwarz gar nicht so schlecht stehen, und bereits in der 21. Begegnung strebte er mit Schwarz diese Variante an.

12.	Dd1–c1	f7–f6
13.	0–0	Lf5–e6
14.	Sc4×e5	Sd7×e5
15.	a4–a5	

Aljechin tadelt diesen Bauernvorstoß. Besser war wohl Sc3–e4 (in diesem oder im vorhergehenden Zug).

15.	...	a7–a6
16.	Sc3–e4	Lf8–b4

33

| 17. | Se4–c5 | Le6–c8 |

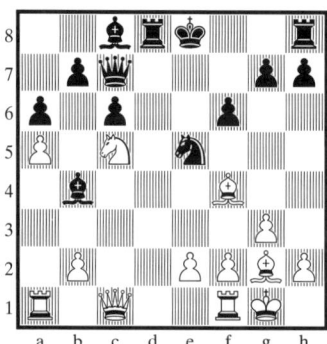

Bisher verlief alles wie in der 21. Partie des erwähnten Matchs Aljechin – Euwe. Dort erhielt Schwarz nach 18. Le5: fe 19. f4 Ld2 20. Dc4 Td4 21. Db3 ef 22. gf De7 23. Sd3 Le6 24. Da3 Lc4 25. Kh1 Da3: 26. Ta3: 0–0 deutliche Überlegenheit.

Aber auch das Turmmanöver von Vidmar ist ungefährlich für Schwarz.

| 18. | Ta1–a4 | Lb4×a5 |
| 19. | Sc5–d3 | 0–0 |

Weiß hat für den Bauern keine ausreichende Kompensation.

| 20. | Lg2–e4 | La5–b6 |
| 21. | Dc1–c2 | |

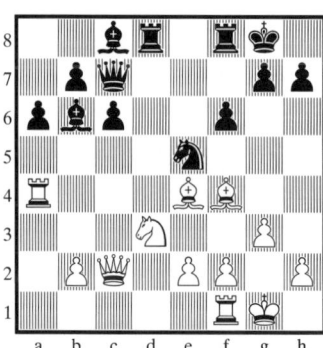

| 21. | ... | g7–g5! |

Nach Ansicht Aljechins ein Zug im Stile eines Weltmeisters. Die Lage klärt sich,

und Schwarz kommt entscheidend in Vorteil.

22. Le4×h7+

Gewinnt zwar den Bauern zurück, führt aber zu sehr großem Stellungsnachteil. Aljechin gibt diese Variante an: 22. Le5: fe 23. Se5: De5: 24. Db3+ Kh8 25. Db6: Td2, und die Chancen von Schwarz sind größer.

22.	...	Dc7×h7
23.	Lf4×e5	Lb6–a7
24.	Le5–c3	b7–b5
25.	Ta4–a1	c6–c5
26.	Dc2–c1	c5–c4
27.	Sd3–e1	Lc8–b7
28.	Se1–f3	g5–g4
29.	Sf3–g5	Dh7–h5

Weiß gab auf.

Wiedergeburt eines Opfers

In den Partien Euwes wie auch in seiner Lebensweise dominierten innere Disziplin, wissenschaftliches Denken und große technische Genauigkeit. Es folgt eine Partie, die in den goldenen Fonds der Schachkunst einging und typisch für den fünften Schachweltmeister ist.

Slawische Verteidigung
Euwe – Landau
Amsterdam 1939

1.	d2–d4	d7–d5
2.	c2–c4	c7–c6
3.	Sg1–f3	Sg8–f6
4.	Sb1–c3	d5×c4
5.	a2–a4	Lc8–f5
6.	e2–e3	e7–e6
7.	Lf1×c4	Lf8–b4
8.	0–0	Sb8–d7

Später fanden die Theoretiker heraus, daß 8. ... 0–0 genauer ist.

| 9. | Dd1–b3! | Dd8–b6 |
| 10. | e3–e4 | Lf5–g6 |

Nicht aber 10. ... Se4 wegen 11. Se4: Le4: 12. Le6:! mit gewinnbringendem Angriff.

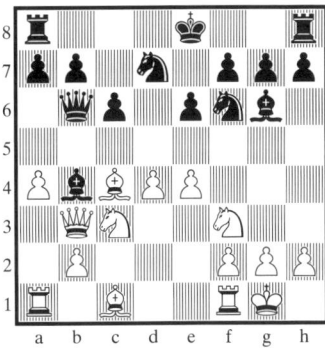

11.   Lc4×e6!

Man könnte diese Begegnung stundenlang analysieren, aber die Analytiker würden zu keiner einheitlichen Meinung über die Korrektheit des Opfers kommen. Mehr als 40 Jahre lang fand sich niemand, der es noch einmal wiederholen wollte. Doch in der höchsten Liga der UdSSR-Meisterschaft 1981, buchstäblich wenige Tage nach dem Tode Max Euwes, kam die ganze Variante in der Partie Gawrikow – Dorfman wieder aufs Brett.

11.	...	f7×e6
12.	a4–a5!	

Ein wichtiger Zug. Schlägt Weiß den Bauern e6 sofort, könnte Schwarz seinen Läufer zurückziehen.

12.	...	Lb4×a5
13.	Db3×e6+	Ke8–d8
14.	e4–e5	Th8–e8
15.	De6–h3	La5×c3
16.	e5×f6!	Lc3–b4

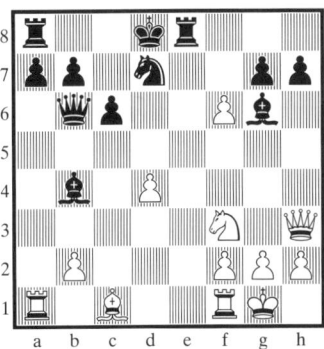

Jetzt verschlechtert sich die Situation von Schwarz drastisch. In der erwähnten Partie Gawrikow – Dorfman führte Schwarz zunächst den richtigen Zug 16. ... Lb2: aus, aber nach 17. Lb2: griff er fehl, spielte 17. ... Db2:?, und die Partie war schnell zu Ende: 18. fg Db4 19. Sg5! Dd6 20. Tae1 Kc7 21. Se6+ Kb8 22. f4 Sf6 23. f5 Lf7 24. Dh4 Sg8 25. Sg5 Te1: 26. Te1: Dd7 27. Sf7: a5 28. Se5 Dd6 29. f6. Schwarz gab auf.

Das Läuferopfer auf e6 gefiel den jungen Teilnehmern an der Landesmeisterschaft so, daß die Fortsetzung 9. Db3 in den folgenden Runden öfter vorkam, zum Beispiel wurde sie mehrmals von einem der Sieger, dem späteren Weltmeister G. Kasparow, gespielt. S. Dolmatow setzte gegen ihn mit 9. ... a5 10. Sa2 Le7 11. Sh4 Lg6 12. g3! Db6? 13. Sc3 Db3: 14. Lb3: Le4?! 15. Se4: Se4: 16. f3 Sd6 17. e4 fort, konnte aber keinen Ausgleich erzielen.

Beljawski versuchte, die Variante im 12. Zug zu verstärken, aber ebenfalls ohne Erfolg. Die Partie Kasparow – Beljawski verlief so: 12. ... Dc8?! 13. Sc3 0–0 14. Sg6: hg 15. Td1 e5 16. Lf1! Lb4 17. Lg2 Te8 18. Sa2! mit weißer Überlegenheit.

17.	f6×g7	Lb4–d6
18.	Sf3–e5!	

In dieser Stellung gibt es bereits keine befriedigende Verteidigung mehr. Wenn Schwarz zum Beispiel 18. ... Dc7 zieht, so folgt 19. Sg6: hg 20. Dh8 Sf6 21. Lg5 mit Figurengewinn.

18.	...	Ld6×e5
19.	d4×e5	Lg6–f7
20.	Tf1–d1	Lf7–d5
21.	e5–e6	Sd7–f6
22.	Lc1–g5	Kd8–e7
23.	Dh3–c3	

Schwarz gab auf.

Triumph der Verteidigung

In dieser Begegnung treffen zwei glänzende Theoretiker und Kenner der Nimzoindischen Verteidigung aufeinander. Zunächst schien es so, als ob es Euwe mit den schwarzen Steinen sehr schwer haben würde. Doch er schuf an diesem Abend wahre Wunder!

Nimzoindische Verteidigung
Geller – Euwe
Zürich 1953

1.	d2–d4	Sg8–f6
2.	c2–c4	e7–e6
3.	Sb1–c3	Lf8–b4
4.	e2–e3	c7–c5
5.	a2–a3	

Mit leichter Zugumstellung ergab sich das Sämisch-System, eines der schärfsten in dieser Eröffnung.

5.	...	Lb4×c3+
6.	b2×c3	b7–b6
7.	Lf1–d3	Lc8–b7!

Schwarz spielte den Anfang äußerst genau, er entwickelte zuerst seinen weißfeldrigen Läufer und nicht den Springer, womit er den Zug f2–f3 erzwingt, was den Vormarsch des weißen f-Bauern bremst. Die Schwäche c4 will Schwarz mit dem Turm angreifen. Was geschehen kann, wenn der Nachziehende zu schnell über den Bauern c4 herfallen will und Weiß die Initiative am anderen Flügel überläßt, zeigt die folgende Kurzpartie.
Bronstein – Najdorf, Budapest 1950:
1. d4 Sf6 2. c4 e6 3. Sc3 Lb4 4. a3 Lc3:+
5. bc c5 6. e3 Sc6 7. Ld3 0–0 8. Se2 d6
9. e4 Se8 10. 0–0 b6 11. f4 La6 12. f5! e5
13. f6! Kh8 14. d5 Sa5 15. Sg3 gf 16. Sf5
Lc8 17. Dh5 Lf5: 18. ef Tg8 19. Tf3 Tg7
20. Lh6 Tg8 21. Th3 1:0.

8.	f2–f3	Sb8–c6
9.	Sg1–e2	0–0
10.	0–0	Sc6–a5
11.	e3–e4	Sf6–e8
12.	Se2–g3!	

Weiß hat sein Ziel dennoch erreicht und setzt f3–f4–f5 durch. Aber in dieser Zeit gelingt es seinem Gegner, den Bauern c4 zu schlagen und die eigenen Figuren sehr harmonisch aufzustellen.

12.	....	c5×d4
13.	c3×d4	Ta8–c8
14.	f3–f4	Sa5×c4
15.	f4–f5	

Nun, wer wen? Die entstandene Stellung ist nicht nur am Brett, sondern auch im Fernschach schwer zu spielen.

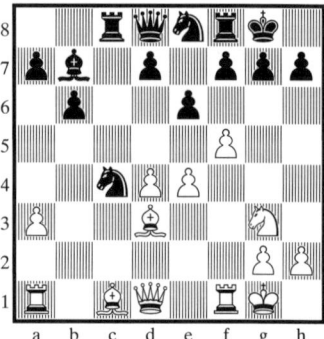

15.	...	f7–f6
16.	Tf1–f4	b6–b5
17.	Tf4–h4	Dd8–b6!

Gerade noch rechtzeitig. Der schwarze König muß jetzt allerdings einige bange Minuten überstehen.

18.	e4–e5	Sc4×e5
19.	f5×e6	Se5×d3
20.	Dd1×d3	Db6×e6
21.	Dd3×h7+	Kg8–f7
22.	Lc1–h6	Tf8–h8!!

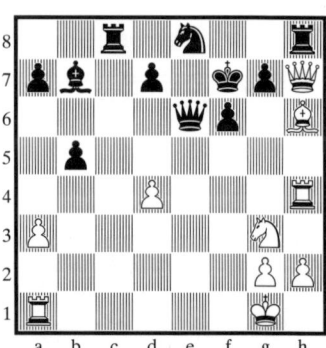

Triumph der Verteidigung! Damit endet die Verteidigung, und der entscheidende Gegenangriff beginnt, der immer eine starke Waffe in Euwes Händen war.

| 23. | Dh7×h8 | Tc8−c2! |
| 24. | Ta1−c1? | |

Ratlosigkeit in einer scharf veränderten Situation. Weiß nimmt das Feld c4 unter Kontrolle, aber der Angriff des Exweltmeisters wird nicht schwächer.

24.	...	Tc2×g2+
25.	Kg1−f1	De6−b3
26.	Kf1−e1	Db3−f3
	Weiß gab auf.	

Die Partie erhielt einen Schönheitspreis.

Beenden wir das Kapitel mit einem Kurzsieg Euwes gegen den jungen Bobby Fischer.

Damengambit
Euwe – Fischer
New York 1957

1. d4 Sf6 2. c4 e6 3. Sc3 d5 4. cd ed 5. Lg5 Lb4 6. e3 h6 7. Lh4 c5 8. Ld3 Sc6 9. Se2 cd 10. ed 0−0 11. 0−0 Le6 12. Lc2! Le7 13. Sf4 Db6? Das führt zum Verlust. Der junge Amerikaner spürte im direkten Vergleich mit diesem Schachmeister der Extraklasse noch nicht in vollem Umfang die Gefahr. 14. Lf6:! Lf6: 15. Dd3 Tfd8 16. Tfe1 Sb4 17. Dh7+ Kf8 18. a3! Sc2: 19. Scd5: Td5: 20. Sd5:. Schwarz gab auf.

Michail Botwinnik

* 17. 8. 1911

6. Weltmeister 1948 – 1957
1958 – 1960; 1961 – 1963

Zwischen zwei WM-Kämpfen

Die Schacholympiade in Leipzig fand zwischen den beiden Weltmeisterschaftsduellen Botwinnik – Tal statt. Da das Revanchematch in einigen Monaten bevorstand, betrachtete Botwinnik natürlich jede Begegnung am Schachbrett als Vorbereitung auf die neue Schlacht. Wohl dadurch erklärt es sich, daß Weiß in dieser Partie bewußt auf eine sichere Fortsetzung verzichtete und einen scharfen Plan mit lebhaftem Figurenspiel vorzog.

Benoni-Verteidigung
Botwinnik – Lothar Schmid
Leipzig 1960

1.	d2–d4	c7–c5
2.	d4–d5	d7–d6
3.	e2–e4	g7–g6
4.	Sg1–f3	

Ein schwarzes Gegenspiel wird mittels 4. c4 verhindert.

4.	...	Lf8–g7
5.	Lf1–e2	Sg8–f6
6.	Sb1–c3	Sb8–a6
7.	0–0	Sa6–c7
8.	a2–a4	a7–a6

Vorsichtiger war es, erst zu rochieren und dann ein Gegenspiel am Damenflügel zu beginnen.

9.	Sf3–d2	Lc8–d7
10.	Sd2–c4	b7–b5

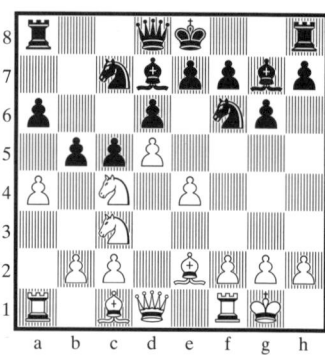

11.	e4–e5!	d6×e5

Im Falle von 11. ... bc 12. ef Lf6: 13. Lh6 erhält Schwarz eine ungünstige Stellung.

12.	a4×b5	a6×b5

Besser war 12. ... Sb5:.

13.	Ta1×a8	Dd8×a8
14.	Sc4×e5	b5–b4
15.	d5–d6!	

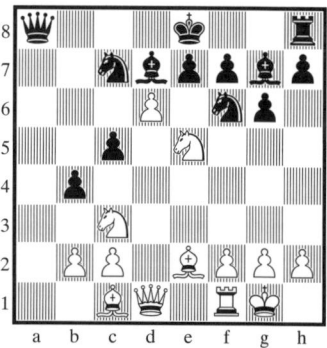

Es ist klar ersichtlich, daß Weiß starken Angriff hat. Botwinnik führt die Variante 15. ... ed 16. Dd6: bc 17. Lf3 Dc8 18. Sd7: Sd7: 19. Lg5 mit Gewinn an. Die von Schwarz gewählte Fortsetzung erleichtert sein Schicksal nicht.

15.	...	b4×c3
16.	d6×c7	Da8−c8
17.	Lc1−f4	c3×b2
18.	Se5×d7	Sf6×d7
19.	Le2−b5	

Dieser Zug würde auch auf 18. ... Dd7: folgen.

19.	...	Lg7−d4

Erzwungen, denn es drohte 20. Dd7:+ Dd7: 21. c8D matt.

20.	c2−c3	e7−e5
21.	c3×d4	e5×f4
22.	Lb5×d7+	Dc8×d7
23.	Dd1−e2+	

Einfacher war 23. Da4.

23.	...	Ke8−f8
24.	De2−e5	Kf8−g8
25.	Tf1−b1	f7−f6
26.	De5×c5	Kg8−g7
27.	Tb1×b2	Th8−e8
28.	Tb2−b1	f4−f3
29.	g2×f3	Dc8−h3
30.	Dc5−c6	

Schwarz gab auf.

Fiasko am Flügel

Hier noch ein Beispiel des wissenschaftlichen Herangehens M. Botwinniks an die schachliche Tätigkeit. Den von ihm gewählten Drachen-Aufbau hatte er in häuslicher Stille verfeinert und in seiner gesamten Schachkarriere angewendet. Sein Gegner, ein langjähriger Bewerber um die Krone, zeigte sich als ungenügend mit dieser Variante vertraut. Weiß öffnete unvorsichtig die h-Linie, so daß die schwarzen Figuren über seinen Königsflügel herfielen.

Sizilianische Verteidigung
Szabo − Botwinnik
Amsterdam 1966

1.	c2−c4	c7−c5
2.	Sb1−c3	g7−g6
3.	Sg1−f3	Lf8−g7
4.	d2−d4	c5×d4
5.	Sf3×d4	Sb8−c6
6.	Sd4−c2	d7−d6

Möglich war auch 6. ... Lc3:+ 7. bc Da5. Zum Beispiel folgte darauf in der Partie Taimanow − Kupreitschik (1974) weiter 8. Ld2 Sf6 9. f3 Se5 10. e4 d6 11. Se3 b6 mit gleichem Spiel.

7.	e2−e4	

Jetzt ergibt sich eine für Weiß ungünstige Abart der Drachenvariante. Solider sah 7. Ld2 mit nachfolgendem e2−e3 oder g2−g3 aus.

7.	...	Sg8−h6!

Nun folgt praktisch auf jede beliebige Antwort von Weiß der Vorstoß f7−f5. Die Entwicklung des Springers über den Flügel scheint in dieser Stellung am stärksten zu sein. Bei der üblichen Zugfolge (der weiße Läufer wird vor dem Zug Sb1−c3 nach e2 gestellt) konnte das Springermanöver mittels 8. g4! verhindert werden.

8.	h2−h4?!	

Dieser Angriffsversuch erscheint auf Grund des unterentwickelten Damenflügels und des im Zentrum verbliebenen weißen Königs mehr als zweifelhaft.

8.	...	f7–f5
9.	h4–h5	f5×e4
10.	h5×g6?	

Offensichtlich bereits der entscheidende strategische Fehler. Die h-Linie wird schon bald von Schwarz beherrscht.

10.	...	h7×g6
11.	Sc3×e4	Lc8–f5
12.	Se4–c3	

Weiß will den Punkt b2 überdecken, um die lange Rochade zu verwirklichen. Aber sie erweist sich dennoch wegen der hoffnungslosen Schwäche des Bauern f2 als unmöglich.

12.	...	Dd8–a5
13.	Lc1–d2	Da5–e5+
14.	Sc2–e3	0–0–0
15.	Dd1–a4	Sh6–g4
16.	Th1×h8	

Der Turm muß geschlagen werden. Auf 16. Tg1? folgt 16. ... Dh2.

16.	...	Td8×h8
17.	Da4–b5	De5–f4
18.	Sc3–d1	

Auch 18. Sed1 half nichts wegen 18. ... Lc3:! 19. bc De4+ 20. Se3 Se3: 21. Le3: Th1 mit den Drohungen 21. ... Dd3 und 21. ... Dg2:.

18.	...	Sc6–d4
19.	Db5–a5	Th8–h1
20.	Ta1–c1	Sg4–e5
21.	Da5–c7+	

Nach dem Damentausch wird der Angriff des Nachziehenden nicht schwächer, und Weiß verliert Material.

21.	...	Kc8×c7
22.	Sc3–d5+	Kc7–d7
23.	Sd5×f4	g6–g5

Weiß gab auf.

Rekord der Rekorde

Für jeden Schachspieler gibt es nicht nur die schönste oder wichtigste Partie im Leben, sondern auch die kürzeste (Großmeisterremisen nicht mitgerechnet!). Natürlich ist auch nicht die Rede

von Simultan- und Blitzspielen, nein, es geht um die Partie aus einem ernsthaften Wettbewerb. Aber auch in diesem Falle kommt die Superminiatur öfter in einer Begegnung zwischen einem Großmeister und einem nicht so versierten Schachspieler vor. Die folgende Kurzpartie zeichnet sich dadurch aus, daß Botwinniks Gegner ein namhafter Großmeister war und daß das Ergebnis nicht durch irgendeinen Zufall, sondern durch einen erfolgreichen Eröffnungsfund zustande kam. Botwinnik wartete des öfteren mit Überraschungen am Partiebeginn auf, und nicht von ungefähr gab es in seiner Praxis so viele Miniaturen. Aber diese Partie stellt einfach den Rekord der Rekorde dar!

Caro-Kann-Verteidigung
Botwinnik – Spielmann
Moskau 1935

1.	c2–c4	c7–c6
2.	e2–e4	d7–d5
3.	e4×d5	c6×d5
4.	d2–d4	Sg8–f6
5.	Sb1–c3	Sb8–c6

Die moderne Fortsetzung ist 5. ... e6.

| 6. | Lc1–g5 | Dd8–b6 |

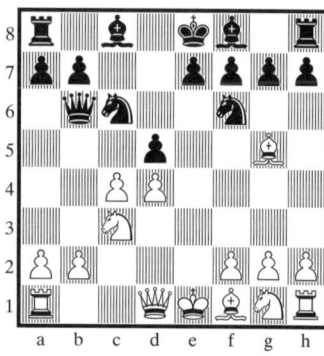

Noch war es nicht zu spät für den „normalen" Zug 6. ... e6. Beim Panow-Angriff lauern nach c4–c5 Gefahren auf Schwarz, zum Beispiel 6. ... Le6 7. Lf6: ef 8. c5 oder 6. ... Lg4 7. f3 Le6 8. c5.

Um sich von diesen Drohungen zu befreien, schlug Schwarz im Wettkampf Botwinnik – Flohr (Moskau 1935) sogleich den Bauern – 6. ... dc. Nach 7. d5 Se5 8. Dd4 Sd3+ 9. Ld3: cd führte Botwinnik in der neunten Partie anstelle von Lf6:, wie es in der ersten Begegnung geschah, einen Zug von gewaltiger Stärke aus: 10. Sf3! Weiß beeilt sich nicht, den Bauern zurückzugewinnen und beendet zuerst einmal seine Entwicklung. Interessant ist, daß der Bauer d3 auch bis zum Ende der Schlacht nicht geschlagen wurde!

7. c4×d5   Db6×b2

Leider reicht auch die Fortsetzung 7. ... Sd4: nicht aus. Einige Jahrzehnte später wurden stürmische Diskussionen um die Variante 8. Le3 e5 9. de Lc5 10. ef+ Ke7 geführt, bis festgestellt war, daß Weiß nicht unbedingt schön spielen muß, denn durch das einfache 8. Sf3! erhält er bedeutenden Vorteil.

8. Ta1–c1!

In der Zeit, als die Partie gespielt wurde, war bekannt, daß die Fortsetzung 8. Sa4 Db4+ 9. Ld2 Dd4: 10. dc Se4 11. Le3 Db4+ 12. Ke2 bc Schwarz gefährlichen Angriff einbringt.

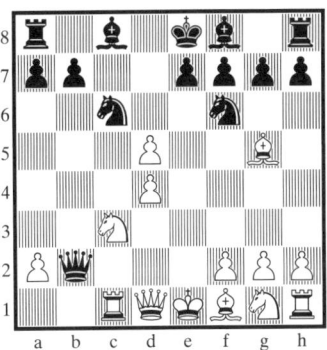

8. ...   Sc6–b4

Botwinnik gibt in einem Kommentar zur Partie an, daß auch bei einem anderen Springerzug die Dinge um Schwarz schlecht stehen, zum Beispiel 8. ... Sd8 9. Lf6: ef 10. Lb5+ Ld7 11. Tc2 Db4 12. De2+ Le7 13. Ld7:+ Kd7: 14. Dg4+.

9.	Sc3–a4	Db2×a2
10.	Lf1–c4	Lc8–g4
11.	Sg1–f3	Lg4×f3
12.	g2×f3	

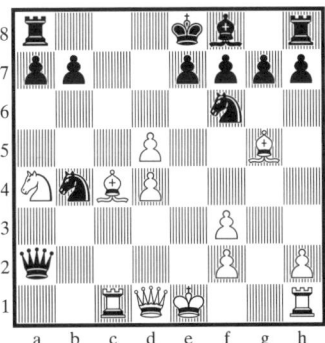

Schwarz gab auf, weil er eine Figur weniger behält: 12. ... Da3 13. Tc3, was 13. ... Sc2+ erzwingt.

Anschließend noch ein hübsche Miniatur Botwinniks, deren Schicksal in häuslicher Vorbereitung entschieden wurde.

Nimzoindische Verteidigung
Uhlmann – Botwinnik
München 1958

1. d4 e6 2. c4 Sf6 3. Sc3 Lb4 4. e3 b6 5. Ld3 Lb7 6. Sf3 Se4 7. 0–0 f5 8. Dc2 Lc3: 9. bc 0–0 10. Tb1 c5 11. a4 Dc7 12. a5 d6 13. Sd2 Sd2: 14. Ld2: Sd7 15. Tb2? ba 16. Ta1 Sb6 17. Ta5:?! Le4!! 18. Le4: fe 19. Db3 Sc4: 20. Dc4: Da5: 21. De6:+ Kh8 22. Ta2 Dc7 23. De4: Df7. Weiß gab auf.

Wassili Smyslow

* 24. 3. 1921

7. Weltmeister 1957 – 1958

Drei Miniaturen in drei Wettkämpfen
In jedem seiner drei Kämpfe um die
Schachkrone gelang Wassili Smyslow
jeweils eine effektvolle Kurzpartie. Wir
wählten den Sieg aus dem für Smyslow
günstigsten Wettbewerb aus, als er sie-
benter Champion der Schachgeschichte
wurde. Es war die 6. Partie dieses
Matchs.

Grünfeldindische Verteidigung
Smyslow – Botwinnik
Moskau 1957

1.	d2–d4	Sg8–f6
2.	c2–c4	g7–g6
3.	Sb1–c3	d7–d5
4.	Sg1–f3	Lf8–g7
5.	Dd1–b3	d5×c4
6.	Db3×c4	0–0
7.	e2–e4	Lc8–g4

Den Läuferzug nach g4 mit der Idee,
Druck auf das mächtige weiße Zentrum
auszuüben, entwickelte Smyslow
selbst. Offensichtlich hatte der Autor
dieses Systems aber im Prozeß seiner
Ausarbeitung nicht nur die starken,
sondern auch die schwachen Seiten der
Variante erkundet. Jedenfalls spielte
Smyslow dieses System auch gern mit
Weiß, und zwar mit großem Erfolg.

8. Lc1–e3 Sf6–d7
Die Hauptfortsetzung, die untrennbar
mit dem vorhergehenden Zug verbunden ist. Nach 8. ... Sc6 9. d5 Lf3: 10. gf
Se5 11. De2 besitzt Weiß klares Überge-

wicht. Die Stellung kam schon früher
zwischen beiden Großmeistern vor,
aber Botwinnik spielte damals mit Weiß
(Groningen 1946).

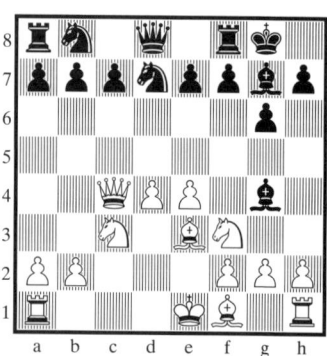

9. 0–0–0
Versucht wurden hier auch schon 9. Db3
(zum Beispiel im WM-Turnier 1948 in der
Begegnung Euwe – Smyslow), 9. Sd2 (im
gleichen Wettbewerb in der Partie Botwinnik – Smyslow) 9. Se2 und 9. Td1.
Den bescheidenen Läuferzug 9. Le2
spielte Botwinnik in seiner bekannten
Partie gegen Fischer bei der Schacholympiade 1962 in Warna. Nach 9. ... Sc6
10. Td1 Sf6 11. Dc5 Dd6 12. h3 Lf3:
13. gf Tfd8 14. d5 Se5 15. Sb5 Df6 16. f4
Sed2 17. e5 gewann Schwarz mit Hilfe
des überraschenden Tricks 17. ... Df4:!
einen Bauern, doch im Turmendspiel
konnte Botwinnik sich retten.

Das Turmmanöver nach d1 wählte Smyslow 1958 im Revanchematch (11. Partie), und es ergab sich erneut eine Miniatur: 9. Td1 Sf6 10. Db3 Sc6 11. d5 Se5 12. Le2 Sf3:+ 13. gf Lh5 14. h4 Dd7 15. a4 a5 16. Sb5 Sc8 17. Ld4 Sd6 18. Lg7: Kg7: 19. Sd4 Kg8 20. Tg1 Dh3 21. De3 c5 22. dc bc 23. Dg3 c5 24. Sc6. Schwarz gab auf.

Die Smyslow-Variante kam noch zweimal in einem weiteren WM-Revanchekampf vor, und zwar zwischen Kasparow und Karpow (London/Leningrad 1986).

| 9. | ... | Sb8−c6 |

Später wurde 9. ... c5!? 10. dc Da5 oder 9. ... Sb6 mit scharfem Spiel vorgeschlagen.

10.	h2−h3	Lg4×f3
11.	g2×f3	Sd7−b6
12.	Dc4−c5	f7−f5
13.	Sc3−e2	Dd8−d6

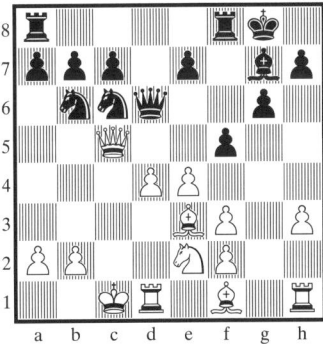

| 14. | e4−e5! | Dd6×c5? |

Ein ernster Fehler. Zu gleichem Spiel führt 14. ... Dd5 15. Sc3 und erst jetzt 15. ... Dc5: 16. dc f4! 17. cb fe (Golombek).

15.	d4×c5	Sb6−c4
16.	f3−f4	Tf8−d8
17.	Lf1−g2	Sc4×e3
18.	f2×e3	Sc6−b4
19.	Lg2×b7	Ta8−b8
20.	c5−c6	Kg8−f7
21.	Se2−d4	e7−e6

| 22. | Sd4−b5 | Sb4−d5 |

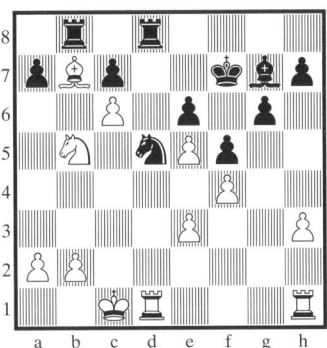

| 23. | Td1×d5 | e6×d5 |

Auch nicht besser ist 23. ... Td5: 24. Sc7: Tc5+ 25. Kb1 mit der unabwendbaren Drohung 26. Sa6.

24.	Sb5×c7	Td8−c8
25.	Lb7×c8	Tb8×c8
26.	Sc7×d5	Tc8×c6+
27.	Kc1−d2	Kf7−e6
28.	Sd5−c3	

Schwarz gab auf.

Energischer Gegenschlag

W. Smyslow war immer ein Meister des Gegenangriffs. Er hatte ein absolutes schachliches Gespür und erkannte in seinen besten Jahren fast unfehlbar den geeigneten Moment zur Gegenattacke. Und nicht zufällig weist die Statistik aus, daß die Mehrzahl der Kurzpartien gegen Weltmeister oder WM-Kandidaten auf sein Konto geht.

Damengambit
Keres − Smyslow
Zürich 1953

1.	c2−c4	Sg8−f6
2.	Sb1−c3	e7−e6
3.	Sg1−f3	c7−c5
4.	e2−e3	Lf8−e7
5.	b2−b3	0−0
6.	Lc1−b2	b7−b6

Ein verhaltener Beginn, doch bald kommt Sturm auf.

7.	d2–d4	c5×d4
8.	e3×d4	d7–d5
9.	Lf1–d3	Sb8–c6
10.	0–0	Lc8–b7
11.	Ta1–c1	Ta8–c8
12.	Tf1–e1	Sc6–b4

Eine typische Methode von Schwarz – er will das Feld e4 kontrollieren. Außerdem müssen bereits die Folgen eines direkten weißen Angriffs am Königsflügel bedacht werden. Beide Türme des Anziehenden werden forciert auf die h-Linie gebracht.

13.	Ld3–f1	Sf6–e4
14.	a2–a3	

Ungünstig für Weiß ist 14. Se4: wegen 14. ... de 15. Sd2 f5 16. f3 Lf6.

14.	...	Se4×c3
15.	Tc1×c3	Sb4–c6
16.	Sf3–e5	

Ein Angriff beginnt, bei dem Weiß alle Brücken hinter sich abbricht.

16.	...	Sc6×e5
17.	Te1×e5	Le7–f6
18.	Te5–h5	g7–g6
19.	Tc3–h3!?	

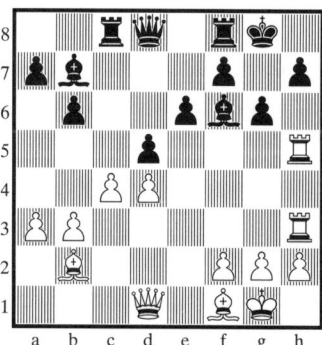

Die ganze Operation war von Keres sehr scharfsinnig ausgedacht. Wird das Opfer angenommen, so hat Weiß nach 19. ... gh 20. Dh5: Te8 die Wahl, sich entweder mit Remis durch 21. Dh6 dc 22. d5 Lb2: 23. Tg3+ Kh8 24. Th3 Kg8

25. Tg3+ zufriedenzugeben oder den Angriff mittels 21. a4! fortzusetzen.
Smyslow aber faßt den besten Entschluß – er geht zum Gegenangriff über.

19.	...	d5×c4!
20.	Th5×h7?!	

Man kann Keres für diesen Zug nicht tadeln. Die Stellung ist sehr kompliziert, und es war nicht leicht, am Brett die optimale Fortsetzung zu finden. Remischancen bot die von D. Bronstein angegebene Folge 20. Dg4 c3 21. Lc3: Tc3: 22. Tc3: Dd4: 23. Dd4: Ld4: 24. Tc7.

20.	...	c4–c3!
21.	Dd1–c1	Dd8×d4
22.	Dc1–h6	Tf8–d8
23.	Lb2–c1	Lf8–g7
24.	Dh6–g5	Dd4–f6
25.	Dg5–g4	c3–c2
26.	Lf1–e2	Td8–d4
27.	f2–f4	Td4–d1+!
28.	Le2×d1	Df6–d4+
	Weiß gab auf.	

Der Vorteil des ersten Zuges

Im Unterschied zu vielen seiner Kollegen begeisterte sich Smyslow niemals für Eröffnungsausarbeitungen. Den Anfang einer Partie spielte er sehr ruhig und äußerlich ohne besondere Ambitionen, aber es war dennoch schwer, mit Schwarz gegen ihn Remis zu machen, wie folgendes Beispiel zeigt.

Aljechin-Verteidigung
Smyslow – Spasski
Wettkampf Moskau – Leningrad 1960

1.	e2–e4	Sg8–f6
2.	e4–e5	Sf6–d5
3.	d2–d4	d7–d6
4.	Sg1–f3	Lc8–g4
5.	Lf1–e2	Sb8–c6
6.	c2–c4	Sd5–b6
7.	e5×d6	e7×d6
8.	0–0	Lf8–e7
9.	Sb1–c3	0–0
10.	b2–b3	Le7–f6

11. Lc1–e3 Tf8–e8

Bisher verläuft alles im Einklang mit der Theorie. Weiß befestigte seine Zentralbauern, Schwarz stellte seine Figuren harmonisch auf, nur ein Nachteil der Aljechin-Verteidigung bleibt bestehen – der passive Springer auf b6.

12. h2–h3! Lg4–h5
13. Dd1–d2 d6–d5
14. c4–c5 Sb6–c8

Dieser Zug ist völlig gerechtfertigt, weil der Springer auf e6 (nach Sb6–d7–f8–e6) nicht besser steht. In der Variante e5×d6 c7×d6 wäre der Springerrückzug nach c8 ein Fehler, diese bittere Erfahrung habe ich persönlich einmal gemacht.

15. Ta1–d1 a7–a5
16. Tf1–e1 Sc8–a7

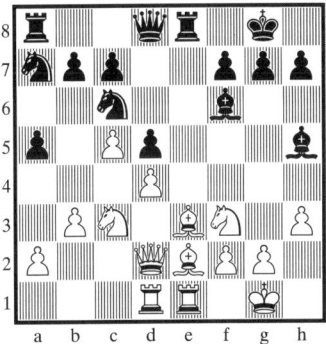

Ein bemerkenswerter Augenblick. Mit den beiden letzten Zügen beendete Schwarz die Absicherung seines Damenflügels. Jetzt will er seine Türme auf der e-Linie verdoppeln, weil 16. ... S8e7 wegen 17. g4 Lg6 18. g5 mit Figurengewinn für Weiß nicht geht. Aber die Konzentration der weißen Figuren am gegenüberliegenden Brettabschnitt hat ein bedrohliches Ausmaß erreicht, und Smyslow beginnt den entscheidenden Angriff.

17. Le3–f4 Dd8–d7
18. g2–g4! Lh5–g6
19. Lf4–g3 h7–h6
20. Dd2–f4 Te8–e7
21. Le2–f1 Ta8–e8
22. Te1×e7 Te8×e7
23. h3–h4! Te7–e4

Ein Opfer der Verzweiflung. Aber die Variante 23. ... Le4 24. g5 Lf3: 25. gf Ld1: 26. fe Lh5 27. Sd5: ist hoffnungslos für Schwarz.

24. Sc3×e4 d5×e4
25. h4–h5! Lg6–h7
26. g4–g5 h6×g5
27. Sf3×g5 Lf6×g5
28. Df4×g5 f7–f6
29. Lf1–c4+

Schwarz gab auf.

Es folgt noch eine Miniatur aus Smyslows erstem WM-Match gegen Botwinnik. In der neunten Partie dieses Wettkampfes opferte er auf effektvolle Weise die Dame, eine nicht sehr häufige Methode im Kampf um die Krone.

Französische Verteidigung
Smyslow – Botwinnik
Moskau 1954

1. e4 e6 2. d4 d5 3. Sc3 Lb4 4. e5 c5 5. a3 La5 6. b4 cd 7. Dg4 Se7 8. ba dc 9. Dg7: Tg8 10. Dh7: Sd7 11. Sf3 Sf8 12. Dd3 Da5: 13. h4! Ld7 14. Lg5 Tc8 15. Sd4 Sf5 16. Tb1 Tc4 17. Sf5: ef 18. Tb7: Te4+ 19. De4:! de 20. Tb8+ Lc8 21. Lb5+ Db5: 22. Tb5: Se6 23. Lf6 Tg2: 24. h5 La6 25. h6. Schwarz gab auf.

Michail Tal

* 9. 11. 1936

8. Weltmeister 1960 – 1961

Im alten Stil

Das Spiel Tals in dieser Partie aus einem Kandidatenturnier macht großen Eindruck und erinnert an die besten Meisterwerke des „Zauberers aus Riga", die er in den 60er Jahren schuf.

Königsindisch im Anzug
Ribli – Tal
Montpellier 1985

1.	Sg1–f3	d7–d5
2.	g2–g3	Lc8–g4
3.	Lf1–g2	c7–c6
4.	b2–b3	

Die Fianchettierung des weißen Damenläufers ist aussichtsreicher, wenn Schwarz seinen Läufer nach f5 entwickelt.

4.	...	Sb8–d7
5.	Lc1–b2	Sg8–f6
6.	0–0	e7–e6
7.	d2–d3	Lf8–c5

Tal spielte mit Schwarz immer gern Königsindisch, und mit nicht weniger Erfolg kämpfte er dagegen. Auch jetzt behandelt Schwarz die Eröffnung sehr fein. Stünde der andere Läufer auf f5, wo er im Königsinder gewöhnlich aufgestellt wird, so hätte Weiß nach 8. Sd2 0–0 9. Sd4! Lg6 10. e4 deutliche Initiative im Zentrum.

8.	Sb1–d2	0–0
9.	e2–e4	d5×e4

10.	d3×e4	e6–e5
11.	h2–h3	Lg4×f3
12.	Dd1×f3	Dd8–e7
13.	Ta1–d1	

Interessanter ist 13. Tfd1 mit der Idee Sd2–f1–e3. Aber dann tauscht Schwarz die Türme mittels 13. ... La3 14. Lc3 Lb4.

13.	...	b7–b5!

Nimmt dem Springer seinen beabsichtigten Weg Sd2–c4–e3–f5. Jetzt mußte Weiß sofort 14. Tfe1 und weiter Sd2–f1–e3 spielen. Der ungarische Großmeister entschloß sich aber, noch seinen weißfeldrigen Läufer zu aktivieren. Doch die „Pforte", die er mit dem folgenden Zug öffnet, wendet sich wegen des geschwächten Punktes g4 auf verhängsnisvolle Weise gegen ihn selbst.

14.	h3–h4?	a7–a5!
15.	c2–c3	

Sonst besetzt Schwarz nach 15. ... a4 die a-Linie. Aber der Partiezug schwächt das Feld d3.

15.	...	Sd7–b6
16.	Tf1–e1	De7–e6
17.	Df3–f5	Sf6–g4!

Es beginnt der entscheidende Angriff unter Ausnutzung der schwachen weißen Felder im gegnerischen Lager.

18.	Te1–e2	Ta8–d8
19.	Lg2–f3	

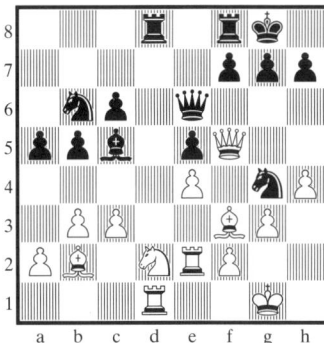

19. ...   Td8−d3!

Die glänzende Strategie von Schwarz wird durch einen taktischen Schlag vollendet. Der Springer ist wegen Td3×g3+ unverwundbar.

20. Kg1−g2   Sg4×f2!

Kombinationen dieser Art sind für den achten Weltmeister so natürlich wie das Atmen.

21. Te2×f2   Lc5×f2
22. Kg2×f2

Schlecht ist selbstverständlich 22. De6: fe 23. Kf2: wegen 23. ... Tf8×f3+.

22. ...   De6−d6
23. Lb2−c1   g7−g6
24. Df5−g5   f7−f6
25. Dg5−h6

Weiß bleibt nichts anderes übrig, als der weiteren Ereignisse zu harren – ändern kann er sie nicht. Die Öffnung der f-Linie entscheidet den Kampf.

25. ...   f6−f5
26. Kf2−g2

Auf 20. ef ist das einfache 26. ... Tf5: oder auch 26. ... Tf3:+ 27. Kf3: Dd3+ 28. Kf2 Tf5:+ mit Gewinn möglich. Im Falle von 26. Ke2 entscheidet 26. ... f4! 27. g4 Te3+ 28. Kf2 Dd3 mit der unabwendbaren Drohung Te3×f3.

26. ...   Td3×f3
27. Sd2×f3

Zum Matt führt 27. Kf3: Dd3+ 28. Kf2 fe+ 29. Kg1 Dg3:+ 30. Kh1 Tf2.

27. ...   Dd6×d1
28. Sf3−g5

Und Weiß gab auf, ohne die Antwort abzuwarten.

Bald nach dem Match

Meine Duelle gegen Kasparow um die Schachkrone waren hinsichtlich der Eröffnungen sehr ergiebig und brachten viele theoretische Veränderungen. Es ist klar, daß sie Stoff auch für weitere Überlegungen und Neuerungen auf diesen Gebieten boten. Eine davon haben Sie vor sich. Die folgende Variante der Sizilianischen Verteidigung brachte Weiß im ersten WM-Match Karpow – Kasparow keinen Erfolg. Aber bald darauf wurde im Interzonenturnier eine Verstärkung eingebracht...

Sizilianische Verteidigung
Tal – Sisniega
Taxco 1985

1.	e2−e4	c7−c5
2.	Sg1−f3	d7−d6
3.	d2−d4	c5×d4
4.	Sf3×d4	Sg8−f6
5.	Sb1−c3	Sb8−c6
6.	Lc1−g5	e7−e6
7.	Dd1−d2	Lf8−e7
8.	0−0−0	0−0

Genau diese Stellung kam zweimal im ersten Match Karpow – Kasparow vor. Mein Gegner spielte mit Schwarz und erreichte jedes Mal ohne Mühe Ausgleich. In der 35. Partie einigten wir uns nach 9. f4 h6 10. Lh4 e5! 11. Sf5 Lf5: 12. ef ef 13. Kb1 d5! 14. Lf6: Lf6:

15. Sd5: Le5 16. g3 fg 17. hg Se7 auf Remis, und in der 37. Begegnung wurde noch schneller Frieden geschlossen: 9. Sb3 a5 10. a4 d5!? 11. ed Sd5: 12. Le7: Sce7: 13. Sb5 Ld7 14. Le2 Sf5 15. S3d4 Sd4:.

Beide Male gelang Schwarz der klassische sizilianische Gegenschlag d6–d5. Im vorliegenden Duell zeigt Tal, daß der Vormarsch des schwarzen d-Bauern nicht immer Erfolg bringen muß.

    9.   Sd4–b3   a7–a5
   10.   a2–a4   d6–d5
   11.   Lf1–b5!

Eine Idee des Internationalen Meisters A. Witolinsch. Um den Preis eines zeitweiligen Bauernopfers nutzt Weiß die Schwäche des Feldes b5 aus.

   11.   ...   Sf6×e4

Etwa ein halbes Jahr später versuchte Kortschnoi im Kandidatenturnier von Montpellier 1985 in der Partie gegen Tal die Variante zu rehabilitieren, indem er auf e4 mit dem Bauern schlug. Doch dies führte nur dazu, daß der Exweltmeister eine noch kürzere Miniatur schuf: 11. ... de (Aufmerksamkeit verdient 11. ... Lb4 oder 11. ... Sb4) 12. Dd8: Ld8: 13. The1 Sa7 14. Lc4 h6 15. Lf6: gf 16. Se4: f5 17. Sd6 Lc7 18. g3 b6 19. Sf5:! ef 20. Ld5 Le6 21. La8: Ta8: 22. Sd4 Ld5 23. Te7 Tc8 24. Sb5. Schwarz gab auf.

   12.   Sc3×e4   d5×e4
   13.   Dd2×d8   Le7×d8
   14.   Lg5×d8   Sc6×d8
   15.   Sb3–c5   f7–f5?

Mit diesem Zug kann Schwarz den Mehrbauern behaupten, aber um einen sehr hohen Preis. Erstens ist die d-Linie völlig in weißer Hand, zweitens werden die schwarzen Felder noch mehr geschwächt, und schließlich erweist sich der Punkt e6 als Achillesferse. Notwendig war 15. ... b6, wonach Weiß den Druck aufrechterhält, aber Schwarz bleibt verteidigungsfähig, zum Beispiel 16. Se4: Lb7 17. The1 Ld5 oder 16. Sd7

Ld7: 17. Td7: Tb8 mit der Idee Sd8–b7–c5.

   16.   Td1–d6   Kg8–f7
   17.   Th1–d1   Kf7–e7
   18.   Lb5–d7   Tf8–f7?!

Nach diesem erneuten Fehlgriff fällt die schwarze Stellung zusammen wie ein Kartenhaus. Unabdingbar war 18. ... Ld7: 19. Td7:+ Kf6.

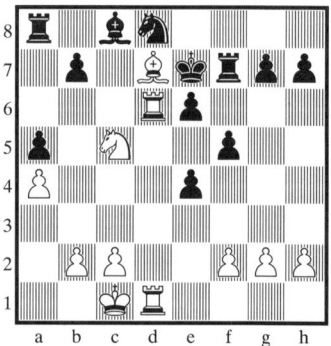

   19.   Sc5×e6!   Lc8×d7

Oder 19. ... Se6: 20. Te6:+ Kd8 (20. ... Kf8 21. Te8 matt) 21. Le8+! mit großem Materialgewinn.

   20.   Se6–c7!   Ld7×a4

Auch 20. ... Tc8 21. Td7:+ Kf6 22. Se8+ bringt nichts mehr.

   21.   Sc7×a8   Sd8–e6
   22.   Sa8–b6   La4–e8
   23.   Td6–d5   Le8–c6
   24.   Td5×a5   Ke7–f6
   25.   Sb6–d5+   Kf6–g6
   26.   Sd5–e3

Schwarz gab auf. Nach 26. ... f4 folgt 27. Td6. Der „Schachinformator" zeichnete diese Partie als beste des Jahres in theoretischer Hinsicht aus.

Der unwiderstehliche f-Bauer

Die Miniaturen von Morphy und Steinitz sind über 100 Jahre alt, eine lange Geschichte haben auch die Kurzsiege Laskers, Capablancas und Aljechins. Selbst Botwinnik, dessen Partien uns noch heute erfreuen, spielte sein letztes internationales Turnier vor über 20 Jahren. Deshalb ist mein Wunsch sicher verständlich, in dieses Buch nach Möglichkeit auch eine Reihe von Beispielen jüngeren Datums aufzunehmen. Viele herrliche Attacken hat Michail Tal in seiner Laufbahn aufzuweisen – eine davon stammt aus dem Interzonenturnier 1982.

Englische Eröffnung
Tal – van der Wiel
Moskau 1982

1.	c2–c4	Sg8–f6
2.	Sb1–c3	e7–e6
3.	Sg1–f3	b7–b6
4.	e2–e4	Lc8–b7
5.	Lf1–d3!	

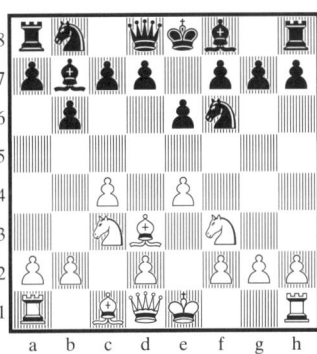

Ein seltsamer Läuferzug und eine auf den ersten Blick merkwürdige Stellung. Der unerfahrene Leser könnte denken, daß mit Weiß ein Anfänger spielt, der mit den Grundprinzipien des Schachs überhaupt nicht vertraut ist, da er seinen Läufer vor einen Bauern stellt. Allerdings geht die Entwicklung der modernen Theorie mitunter die unerwartetsten und paradoxesten Wege. Die vorliegende Stellung hat bereits ihren rechtmäßigen Platz in den Eröffnungshandbüchern eingenommen.

5.	...	c7–c5
6.	0–0	Sb8–c6
7.	e4–e5	Sf6–g4

8.	Ld3–e4	Dd8–c8
9.	d2–d3!	

Ein neue Idee. Weiß rückte schließlich seinen d-Bauern etwas nach vorn. Die früher üblichen Züge 9. d4 oder 9. Te1 brachten keinen großen Effekt.

9.	...	Sg4×e5

Vielleicht war es besser, das Bauernopfer mittels 9. ... d6 oder 9. ... f5 abzulehnen.

10.	Sf3×e5	Sc6×e5
11.	f2–f4	Se5–c6
12.	f4–f5!	

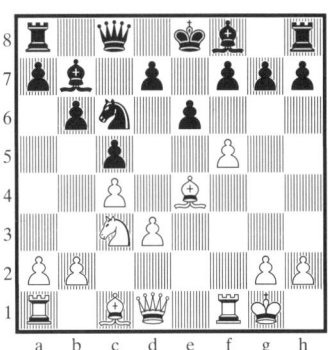

12.	...	g7–g6

Vernünftiger war 12. ... Le7 oder 12. ... Sd4.

13.	Lc1–g5!	g6×f5

Der entscheidende Fehler. Schwarz konnte noch versuchen, einen Stellungskrieg zu beginnen: 13. ... Lg7 14. f6 Lf8.

14.	Le4×f5!	Lf8–e7

Als Antwort auf 14. ... ef führt Tal diese Variante an: 15. De2+ Se7 16. Tae1 Tg8 17. Le7: Tg2:+ 18. Dg2: Lg2: 19. Lh4+ Le4 20. Se4: fe 21. Te4:+ Le7 22. Le7: mit großem weißem Übergewicht.

15.	Dd1–h5	Le7×g5
16.	Dh5×g5	Sc6–e7
17.	Lf5–e4!	Lb7×e4
18.	Sc3×e4	Dc8–c6
19.	Tf1×f7!	Ke8×f7
20.	Dg5–f6+	Kf7–g8
21.	Df6×e7	Ta8–f8
22.	Ta1–f1	Schwarz gab auf.

Natürlich war dies nicht der erste Fall, wo Tal dank des ungestümen Vormarsches des f-Bauern die Oberhand behielt. Sehen wir uns noch ein älteres Beispiel mit Damenopfer an.

Sizilianische Verteidigung
Tal – Suetin
Tbilissi 1969/70
1. e4 c5 2. Sf3 e6 3. d4 cd 4. Sd4: a6 5. Ld3 Se7 6. Sc3 Sbc6 7. Sb3 Sg6 8. 0–0 b5 9. Le3 d6 10. f4 Le7 11. Dh5! Lf6 12. Tad1 Lc3: 13. bc Dc7 14. Td2 Sce7 15. Sd4 Ld7 16. f5! ef 17. ef Se5 18. Se6! Le6: 19. fe g6 20. De5:! de 21. ef+. Schwarz gab auf.

Es folgt eine turbulente Miniatur gegen den niederländischen Großmeister Donner, der vor kurzem verstarb.

Englische Eröffnung
Tal – Donner
Wijk aan Zee 1973
1. c4 c5 2. Sf3 Sf6 3. Sc3 Sc6 4. d4 cd 5. Sd4: d5!? 6. Da4 Db6 7. Sdb5 e6 8. Lf4 e5 9. cd ef 10. Df4: Sb4 11. Sc7+ Kd8 12. Sa8: Da5 13. 0–0–0 Dc5 14. e4 Sa2:+ 15. Kc2 Sc3: 16. bc Ld6 17. e5 Sd5:! 18. Dc4! Lf5+ 19. Kd2 Df2:+ 20. Le2 De3+ 21. Ke1 Le5: 22. Td5:+ Ke7 23. Sc7 Lc3:+ 24. Kd1 Le4 25. Lf3! Schwarz gab auf.

Tigran Petrosjan
* 17. 6. 1929 † 13. 8 1984

9. Weltmeister 1963 – 1969

Triumph der Verteidigung

In meiner Jugend sah ich T. Petrosjan einmal beim Blitzspielen zu. Mit geheimnisvollem Lächeln äußerte er in einer sehr scharfen Stellung laut seine Absichten: „Ich spiele im Sinne der Jugend!" Nach diesem Bekenntnis erwartete ich ein prächtiges Feuerwerk von Opfern. Er aber zog überraschend eine Figur zurück, erzwang einen Generalabtausch und den Übergang ins bessere Endspiel. Das war ganz Petrosjan – er liebte nicht allzusehr die Attacken, weder eigene noch andere.

Königsindische Verteidigung
Pomar – Petrosjan
Siegen 1970

1.	d2–d4	g7–g6
2.	c2–c4	Lf8–g7
3.	Sb1–c3	d7–d6
4.	Sg1–f3	Lc8–g4
5.	g2–g3	Dd8–c8
6.	Lf1–g2	Sg8–h6
7.	h2–h3	Lg4–d7
8.	e2–e4	f7–f6

Schwarz spielt die Eröffnung sehr originell. Weiß hat ein mächtiges Zentrum, das allerdings bald erschüttert wird.

9.	Lc1–e3	Sh6–f7
10.	Dd1–d2	c7–c5
11.	d4×c5	

Aussichtsreich scheint auch ein anderer Plan zu sein: Weiß schließt das Zentrum durch d4–d5 und inszeniert alsdann einen Bauernangriff am Königsflügel.

11.	...	d6×c5
12.	0–0–0	Sb8–c6!

Ein Zug, der charakteristisch für Petrosjan ist. In schwierigen Situationen glaubte er stets an den Erfolg der Verteidigung.

13. Kc1–b1

Stärker war 13. Lc5: Sce5 14. Se5: Se5: 15. Dd4! b6 16. Le7:! Ke7: 17. Dd6+ Ke8 18. Sd5 mit gefährlichen Drohungen oder 16. ... Sc6 17. Dd7:+ mit besserem Endspiel für Weiß.

13.	...	b7–b6
14.	g3–g4	Ta8–b8
15.	Th1–e1	Tb8–b7

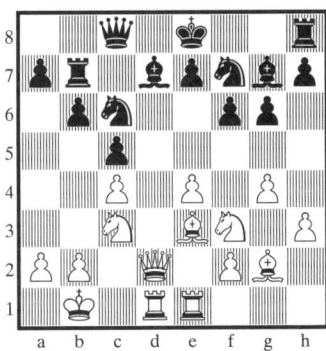

Weiß führte einige nicht besonders starke Züge aus, und Petrosjan konnte seinen Verteidigungswall errichten.

16. e4–e5

Schließlich geht der Anziehende zu aktiven Handlungen über. Weiß erinnerte sich offensichtlich an die These von Steinitz, daß der Überlegene verpflichtet ist anzugreifen. Wir fügen hinzu, rechtzeitig anzugreifen.

16. ... f6×e5
17. Sf3–g5 0–0
18. Sc3–d5?

Wie Petrosjan nachwies, war es richtig, 18. Ld5 e6 19. Sf7: Tf7: 20. Le4 zu ziehen, mit der Absicht, den h-Bauern in Marsch zu setzen und mit dem Manöver Sc3–b5–d6 zu drohen.

18. ... Sf7×g5
19. Le3×g5 Ld7–e8
20. Lg5–h6 e7–e6!

Die Waage beginnt sich zugunsten von Schwarz zu neigen.

21. Lh6×g7 Tb7×g7
22. Sd5–c3 Sc6–d4!
23. Te1×e5 Tg7–f7
24. Sc3–e4?

Der entscheidende Fehler. Aber auch nach 24. Tf1 Lc6 besitzt Schwarz positionelles Übergewicht.

24. ... Dc8–c7!
25. Te5–g5 Tf7–f4
26. Dd2–d3 h7–h6
27. Se4–d6 h6×g5
28. Sd6×e8 Tf8×e8
29. Dd3×g6+ Kg8–f8
30. Dg6×g5 Dc7–h7+
Weiß gab auf.

Der thematische Einschlag

Das Figurenopfer auf f7 wird gern in Simultanveranstaltungen gebracht. Weit seltener kommt es in Großmeisterpartien vor. Im folgenden Duell überraschte der Keulenschlag Petrosjans 15. Lf7:+ seinen Gegner sehr. Der schwarze König, der sich eben noch vollkommen sicher fühlte, befindet sich plötzlich im „Zentrum der Aufmerksamkeit". Die weiteren Ereignisse entwickeln sich forciert, und der 20. Zug wird der letzte für den schwarzen König.

Englische Eröffnung
Petrosjan – Kortschnoi
Curaçao 1962
1. c2–c4   c7–c5
2. Sg1–f3   Sg8–f6
3. d2–d4   c5×d4
4. Sf3×d4   g7–g6
5. Sb1–c3   d7–d5
6. Lc1–g5   d5×c4
7. e2–e3   Dd8–a5

Der Läufer mußte jetzt seinen Stammplatz auf g7 einnehmen. Nun kommt Weiß durch den folgenden Tausch in Vorteil.

8. Lg5×f6!   e7×f6
9. Lf1×c4   Lf8–b4

Das notwendige 9. ... Lg7 war zugleich auch die beste Fortsetzung.

10. Ta1–c1   a7–a6
11. 0–0   Sb8–d7
12. a2–a3   Lb4–e7

Wenn der Läufer schon nicht auf seiner Diagonalen steht, so sollte er abgetauscht werden.

13. b2–b4   Da5–e5

Auf 13. ... Da3: ist 14. Sf5 sehr stark, und im Falle von 13. ... Dd8 schlägt bereits 14. Lf7:+ Kf7: 15. Db3+ Ke8 16. Se6 Db6 17. Sd5! durch.

14. f2–f4   De5–b8

Nach 14. ... De3:+ 15. Kh1 hat Weiß sehr viele Drohungen, und deshalb zieht sich die Dame lieber an den Brettrand zurück.

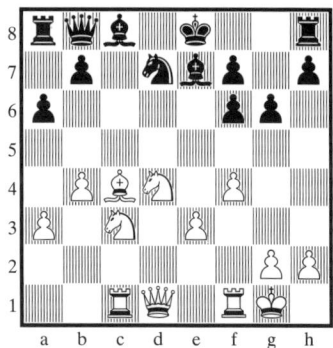

15. Lc4×f7+!

52

Schwarz kann nur bedauern, daß er nicht rechtzeitig rochiert hat.

| 15. | ... | Ke8×f7 |
| 16. | Dd1−b3+ | Kf7−e8 |

Nach 16. ... Kg7 17. Se6+ Kh6 18. Tf3 wird Schwarz matt.

17.	Sc3−d5	Le7−d6
18.	Sd4−e6	b7−b5
19.	Sd5−c7+	Ke8−e7

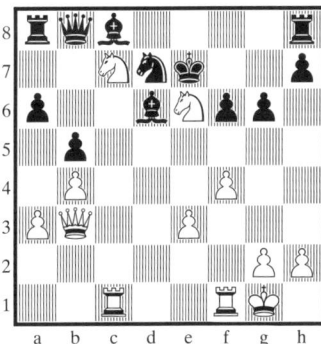

| 20. | Se6−d4! | Ke7−f8 |
| 21. | Sc7×a8 | |

Schwarz gab auf.

Die Variante 21. ... Da8: 22. De6 Db8 23. Sc6 Dc7 24. Se7 konnte ihn nicht begeistern.

Die letzte Miniatur

Ende der 70er, Anfang der 80er Jahre ließen die Turniererfolge Petrosjans nach, offensichtlich wirkte sich bereits seine schwere Krankheit aus. 1983 konnte er sich zum ersten Mal nach 30 Jahren im Interzonenturnier nicht qualifizieren. Aber auch in jenen Tagen, als es der Exweltmeister noch einmal wissen wollte, hatten es seine Gegner sehr schwer, zum Beispiel in der folgenden Partie aus Petrosjans letztem Turnier.

Nimzoindische Verteidigung
Petrosjan − Ljubojević
Niksić 1983

1.	d2−d4	Sg8−f6
2.	c2−c4	e7−e6
3.	Sb1−c3	Lf8−b4
4.	e2−e3	0−0
5.	Lf1−d3	d7−d5
6.	Sg1−e2	c7−c5
7.	0−0	Sb8−c6
8.	c4×d5	e6×d5
9.	a2−a3	Lb4×c3
10.	b2×c3	

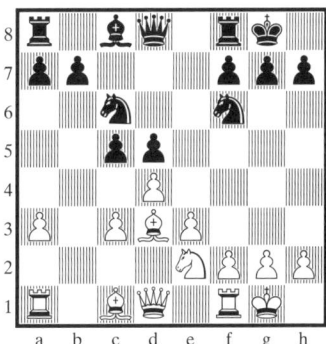

Stellungen mit dieser Bauernstruktur und dem Vorteil des Läuferpaares werden von der Theorie als günstig für Weiß eingeschätzt. In der Regel befestigt der Anziehende zuerst den Punkt d4 und setzt dann nach sorgfältiger Vorbereitung e3−e4 durch. In dieser Partie wird die Aufgabe von Weiß durch unzweckmäßige Handlungen des Gegners am Damenflügel erleichtert.

| 10. | ... | Tf8−e8 |
| 11. | f2−f3 | Lc8−d7 |

Besser ist 11. ... b6 nebst 12. ... Lb7, um die Kontrolle über den Punkt e4 zu verstärken.

12.	Se2−g3	Dd8−a5
13.	Dd1−d2	Da5−a4
14.	Ta1−b1	Sc6−a5

Jetzt gewinnt Weiß durch Zugwiederholung Zeit und verwirklicht rasch den Vorstoß e3−e4.

15.	Ld3–c2	Da4–c4
16.	Lc2–d3	Dc4–a4
17.	e3–e4!	

Mit solchen Vorstößen im Mittelspiel (nicht aber im ersten Zug!) entschied Petrosjan oft das Schicksal einer Partie.

17.	...	d5×e4

Nicht spielbar ist 17. ... cd wegen 18. Tb4 de?! 19. Df4! Dc6 20. e5, und der Springer f6 hat kein Rückzugsfeld mehr.

18.	f3×e4	c5×d4
19.	Tb1–b4	Da4–c6

Jetzt würde auf 19. ... dc? einfach 20. Dg5! mit Gewinn des anderen Springers folgen.

20.	c3×d4	Sf6×e4!?

Ein Verzweiflungsopfer. Weiß drohte anderenfalls, die gegnerische Festung mit einfachen Mitteln (Df4, Lb2 und d5) zu zerstören.

21.	Sg3×e4	Te8×e4
22.	Dd2–f2!	f7–f5

Nichts bringt 22. ... Le6 wegen 23. d5 oder 22. ... Te7 wegen 23. Dh4!.

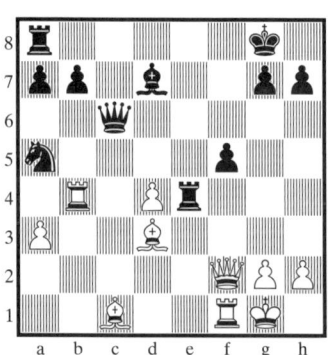

23.	d4–d5!	Dc6×d5

24.	Ld3×e4	f5×e4
25.	Tb4–d4	Dd5–e6
26.	Td4×e4	De6–g6
27.	Te4–e7	Ld7–b5
28.	Df2–f7+	

Schwarz gab auf.

In der abschließenden Kurzpartie erweist sich T. Petrosjan einmal mehr als perfekter Meister des Gegenangriffs. Sein Partner hat plötzlich sämtliches Pulver verschossen und muß nach 24 Zügen kapitulieren.

Dreispringerspiel
Gufeld – Petrosjan
Moskau 1969

1. e4 e5 2. Sf3 Sc6 3. Sc3 g6 4. d4 ed 5. Sd5 Lg7 6. Lg5 Sce7 7. Sd4: c6 8. Sc3 h6 9. Le3 Sf6 10. Lc4 0–0 11. Df3 d5! 12. ed c5!!

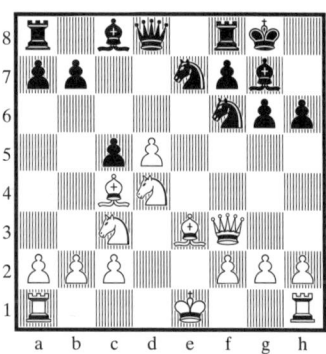

13. Sdb5 a6 14. d6 Sf5 15. Sc7 Sd6: 16. 0–0–0 Dc7: 17. Lf4 Lg4 18. Dd3 b5 19. Ld5 Tad8 20. f3 b4 21. Dg6: Kh8 22. Dd3 bc 23. fg Db6 24. b3 Db4. Weiß gab auf.

Boris Spasski

* 30. 1. 1937

10. Weltmeister 1969 – 1972

Die wichtigste Kurzpartie

Möglicherweise ist diese Miniatur die wichtigste im Leben Spasskis, denn sie wurde am Ende eines langen schweren Matchs um die Weltmeisterschaft gespielt. Nach dem effektvollen Sieg hatte er zwei Punkte Vorsprung, und allen wurde klar, daß die Schachwelt einen neuen Champion bekommen werde. Obwohl die Partie sehr kurz ist, widmeten ihr I. Boleslawski und I. Bondarewski in ihrem Buch über diese Weltmeisterschaft ganze zehn Seiten, auf denen sie sehr breit die psychologischen und rein schachlichen Aspekte des Kampfes behandelten. Es ist klar, daß so eine Ausführlichkeit in diesem Band nicht notwendig ist.

Sizilianische Verteidigung
Spasski – Petrosjan
Moskau 1969

1.	e2–e4	c7–c5
2.	Sg1–f3	d7–d6
3.	d2–d4	c5×d4
4.	Sf3×d4	Sg8–f6
5.	Sb1–c3	a7–a6
6.	Lc1–g5	Sb8–d7

Ein etwas passiver Zug, der heute völlig aus der Mode gekommen ist. Weiß erhält starken Angriff, und wenn man beurteilen soll, wie sich die Ereignisse in der Partie entwickelten, so kann man den Schluß ziehen, daß Petrosjan sich auf die vorliegende Eröffnungsvariante ungenügend vorbereitet hatte. Im Ergebnis dessen ergänzte Spasski die Kollektion der Attacken gegen die Sizilianische Verteidigung.

7.	Lf1–c4	Dd8–a5

Eine andere Möglichkeit ist 7. ... h6, um sogleich den schwarzfeldrigen Läufer zu befragen.

8.	Dd1–d2	h7–h6

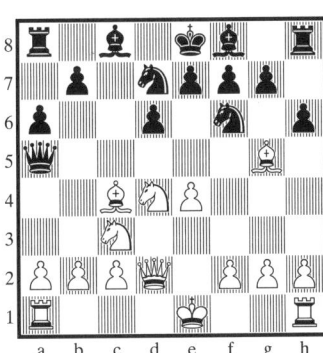

Diese Stellung kam auch schon früher in Spasskis Praxis vor, zum Beispiel in der Partie gegen Polugajewski (UdSSR-Meisterschaft 1958). Schwarz setzte mit 8. ... e6 fort und geriet später in Nachteil.

9.	Lg5×f6	Sd7×f6
10.	0–0–0	e7–e6

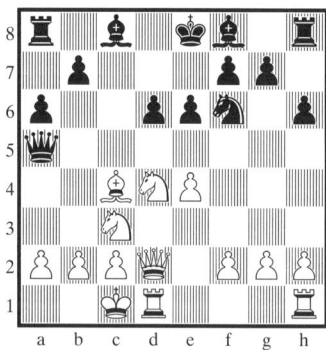

11. Th1–e1   Lf8–e7

Einhellig wurde dieser Zug als fehlerhaft eingeschätzt. Wegen des zu erwartenden Bauernvorstoßes g2–g4–g5 mußte Schwarz die kurze Rochade vermeiden und mittels 11. ... Ld7 die lange vorbereiten.

12.	f2–f4	0–0
13.	Lc4–b3	Tf8–e8
14.	Kc1–b1	Le7–f8

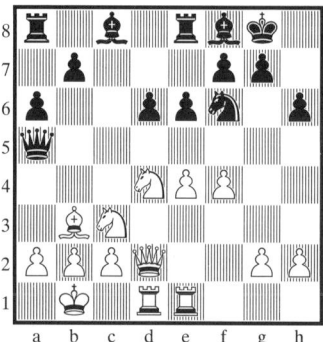

15. g2–g4   Sf6×g4

Schwarz kann das Bauernopfer ablehnen und 15. ... Ld7, 15. ... Sd7 oder 15. ... e5 spielen, aber die einzelnen Varianten (die wir hier auslassen) zeigen, daß der Nachziehende in allen Fällen wenig Chancen auf Ausgleich besitzt.

16.	Dd2–g2	Sg4–f6
17.	Te1–g1	Lc8–d7
18.	f4–f5!	Kg8–h8
19.	Td1–f1	Da5–d8
20.	f5×e6	f7×e6

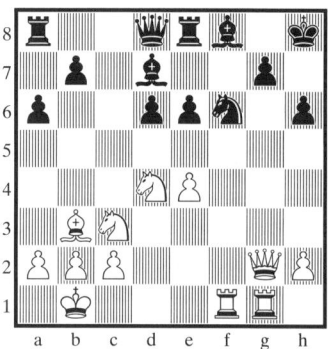

21. e4–e5!

Der Beginn des entscheidenden Sturms. Man konnte nicht annehmen, daß der Angriff automatisch zum Matt führt. In diesem verantwortungsvollen Moment mußte Spasski alle möglichen Antworten von Schwarz vorhersehen.

21.	...	d6×e5
22.	Sc3–e4!	Sf6–h5
23.	Dg2–g6!	e5×d4

Ein anderer hübscher Schluß wäre: 23. ... Sf4 24. Tf4: ef 25. Sf3 Db6 26. Tg5!! Lc6 27. Sf6.

24. Se4–g5!

Schwarz gab auf, denn das Matt ist nicht zu decken.

Ein hypermodernes Gambit

Der zehnte Weltmeister Boris Spasski legte in seiner Laufbahn einen dornigen Weg zurück, bis er den eigenen Schachstil gefunden hatte. Nachdem er als Wunderkind begonnen und sich danach unter dem Einfluß von Großmeister Tolusch in einen furchtlosen Musketier verwandelt hatte, erstieg er Ende der 60er Jahre den Gipfel als universeller Spieler. Anschließend führte die Erfolgskurve wieder bergab, aber die besondere Klasse des Exweltmeisters bringt ihm auch heute noch hohe Turnierergebnisse. Analysiert man Spasskis Partien, die er vor 30 Jahren spielte, so stellt man fest, daß sein großes kombinatorisches Talent damals etwas von Tals

verwegenen Opfern überstrahlt wurde.
Doch viele Talsche Kombinationen
wurden später von den Kommentatoren
widerlegt, während sich die Opfer
Spasskis stets als korrekt erwiesen, ungeachtet ihrer Originalität und Überraschung für den Gegner.

Caro-Kann-Verteidigung
Spasski – Reschko
Leningrad 1959

1.	e2–e4	c7–c6
2.	Sb1–c3	d7–d5
3.	Sg1–f3	Lc8–g4
4.	h2–h3	Lg4×f3
5.	Dd1×f3	Sg8–f6
6.	e4–e5	Sf6–d7
7.	Df3–g3	e7–e6
8.	Lf1–e2	Dd8–c7

Ein ungünstiger Plan. Lohnte es sich für
Schwarz, ein Tempo zu verlieren und
das ohnehin notwendige f2–f4 herauS-
zufordern?
Er büßt sogar noch mehr Zeit ein, um
das Eindringen des weißen Springers
auf b5 zu verhindern. Dieser Zeitgewinn
erlaubt es Weiß, ein echtes Gambit zu
spielen, obwohl die Caro-Kann-Verteidigung bis dato – so schien es – noch
nichts derartiges kannte.

9.	f2–f4	a7–a6
10.	b2–b4!	

Jetzt nur vorwärts!!

10.	...	c6–c5
11.	b4–b5	c5–c4
12.	Ta1–b1	d5–d4
13.	Sc3–e4	a6×b5
14.	0–0	Ta8×a2

Schwarz besitzt eine feste Stellung, was
hat er zu befürchten? Er ist nur etwas in
der Entwicklung zurückgeblieben, aber
15. Tb5: geht wegen 15. ... Dc6 nicht.

15.	d2–d3	Ta2×c2
16.	Le2–d1!	Tc2–a2
17.	f4–f5!	

Bereits der vierte Bauer hintereinander
opfert sich!

17.	...	Sd7×e5

18.	f5×e6	f7–f6
19.	Tf1×f6	

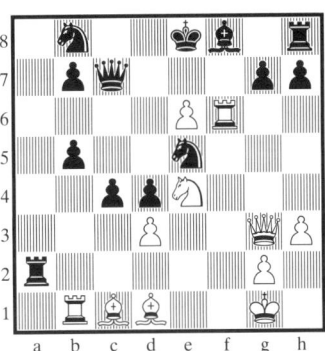

Der weiße Entwicklungsvorsprung geht
in bedrohliche Initiative über.

19.	...	g7×f6
20.	Se4×f6+	Ke8–d8
21.	Sf6–d5	Dc7–d6
22.	Lc1–g5+	Kd8–c8
23.	Ld1–g4	Se5×g4
24.	e6–e7	Lf8×e7
25.	Dg3×g4+	

Die Zeit der Ernte ist gekommen!

25.	...	Sb8–d7
26.	Sd5×e7+	Kc8–c7
27.	Lg5–f4	Sd7–e5
28.	Dg4–g7	Kc7–b6
29.	Lf4×e5	Dd6–e6
30.	Le5×d4+	

Schwarz gab auf.

Ein temperamentvoller „Spanier"

Die Erfahrung mit der „spanischen Fol-
ter" – auch meine eigene – lehrt, daß der
Kampf während der ganzen Partie so-
lide und ohne scharfe Auseinanderset-
zungen vor sich geht und irgendwie an
ein Tauziehen erinnert. Wenn es auch
scharfe Varianten gibt, so bleiben sie in
der Regel hinter den Kulissen.
B. Spasski brachte frischen Wind in die
bestehenden Traditionen. Sein Schaffen beim Besteigen des Olymps überzeugte davon, daß auch ein stilles Ge-

wässer auf Wunsch in die Niagarafälle verwandelt werden kann.

Spanische Partie
Geller – Spasski
Moskau 1984

1.	e2–e4	e7–e5
2.	Sg1–f3	Sb8–c6
3.	Lf1–b5	a7–a6
4.	Lb5–a4	d7–d6
5.	0–0	Lc8–g4
6.	h2–h3	Lg4–h5
7.	c2–c3	Sg8–f6
8.	d2–d4	b7–b5
9.	La4–b3	Lf8–e7

Bekanntlich ist es gefährlich, das Bauernopfer anzunehmen: 9. ... Lf3: 10. Df3: ed 11. Dd3! dc 12. Sc3:, und Weiß erhält ein sehr aktives Spiel. Und im Falle von 9. ... ed 10. cd Lf3: 11. gf verfügt der Anziehende über ein starkes Zentrum. Möglich ist aber 9. ... Dd7.

10.	Lc1–e3	0–0
11.	Sb1–d2	d6–d5!?

In der Partie Spasski – Lein (Sotschi 1966) führte 11. ... Sa5 nach 12. Lc2 ed 13. cd c5 14. g4 Lg6 15. d5 zu weißem Vorteil. Bei korrektem Spiel sollte der Partiezug auch nichts an der Bewertung der ganzen Variante als günstig für Weiß ändern.

12.	g2–g4	Lh5–g6
13.	d4×e5?	

Wie Polugajewski nachwies, versprach die Fortsetzung 13. Se5:! Se5: 14. de Se4: 15. f4 Sd2: 16. Dd2: Le4 17. Tad1 c6 18. f5 dem Anziehenden die bessere Stellung.

13.	...	Sf6×e4
14.	Sd2–b1?!	

Es ist ein Stellungsbild entstanden (vgl. Diagramm in der rechten Spalte oben), das mit der offenen Variante verwandt zu sein scheint. Der Unterschied liegt darin, daß der weißfeldrige schwarze Läufer von der Verteidigung des Bauern d5 ausgeschlossen wird. Allerdings zahlt Weiß einen hohen Preis – sein

Königsflügel ist äußerst schwach geworden.

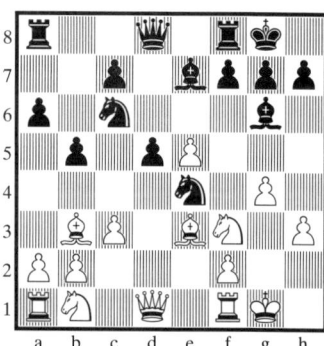

14.	...	Dd8–c8!

Eine hervorragende Idee! Es zeigt sich, daß selbst ein Bauerngewinn sehr gefährlich wäre, zum Beispiel: 15. Ld5: Td8 16. Lc6: Td1: 17. Td1: h5! oder 15. Dd5: Sa5 16. Dd1 Td8 17. Sbd2 h5!

15.	Sf3–d4	Sc6×e5
16.	f2–f4	c7–c5!
17.	f4×e5	

Der weiße Springer im Zentrum hat kein Rückzugsfeld mehr. Auf 17. Se2 oder 17. Sf3 gewinnt 17. ... Sg4:!, und 17. Sc2 ist schlecht wegen 17. ... c4.

17.	...	c5×d4
18.	c3×d4	Dc8–d7
19.	Sb1–d2	f7–f6!

Sprengt den letzten weißen Vorposten – den Bauern e5 – wonach der Königsflügel verteidigungsunfähig wird.

20.	Ta1–c1	Kg8–h8
21.	Le3–f4?!	

Besser war, 21. Se4: Le4: 22. Lf4 zu versuchen.

21.	...	f6×e5
22.	Lf4×e5	Le7–g5
23.	Tc1–c7	

Weiß hat nichts mehr zu verlieren. Bei 23. Se4: Lc1: 24. Sc5 Le3+ behält er eine Qualität weniger. Der Schlußangriff auf den weißen König, der aufs „freie Feld" getrieben wurde, erinnert an eine Bärenjagd.

23.	...	Dd7×c7!
24.	Le5×c7	Lg5−e3+
25.	Kg1−g2	Se4×d2
26.	Tf1×f8+	Ta8×f8
27.	Lb3×d5	

Anders ist die Drohung 27. ... Le4+ nicht abzuwehren.

27.	...	Tf8−f2+
28.	Kg2−g3	Sd2−f1+
29.	Kg3−h4	h7−h6
30.	Lc7−d8	Tf2−f8
Weiß gab auf.		

Ich verweise noch auf ein interessantes Detail. In der übergroßen Mehrzahl aller Partien des klassischen Spaniers geht Schwarz gerade am Königsflügel unter. Beim offenen System, der Steinitz-Verteidigung oder dem Marshall-Angriff sind die Interessen von Weiß auf das Zentrum oder den Damenflügel gerichtet. Gelingt es Schwarz, den strategischen Kampf zu gewinnen. so wird der Ausgang der Schlacht durch Mattsetzen des weißen Königs in den Ruinen seiner Rochadestellung entschieden. Die Miniaturen B. Spasskis sind eine herrliche Illustration solcher Niederlagen.

Als Zugabe nun noch Spasskis berühmter Schwarzsieg gegen Larsen beim Match des Jahrhunderts in Jugoslawien, der vor zwei Jahrzehnten die Runde um die Welt machte.

Englische Eröffnung
Larsen − Spasski
Belgrad 1970

1. b3 e5 2. Lb2 Sc6 3. c4 Sf6 4. Sf3 e4 5. Sd4 Lc5 6. Sc6: dc 7. e3 Lf5 8. Dc2 De7 9. Le2 0−0−0 10. f4 Sg4! 11. g3 h5! 12. h3 h4! 13. hg hg 14. Tg1 Th1!! 15. Th1: g2 16. Tf1 Dh4+ 17. Kd1 gfD+. Weiß gab auf.

Robert Fischer

* 10. 3. 1943

11. Weltmeister 1972 – 1975

Das korrekte Schach

Bei der Vorbereitung auf das Match gegen R. Fischer im Jahre 1975 kam ich zu der Erkenntnis, daß sich das Spiel des Weltmeisters durch wissenschaftliches Herangehen und äußerste Korrektheit auszeichnet. Ich erläutere das an einem Beispiel. Wenn ein Großmeister eine Stellung einschätzt, so berechnet er in der Regel die Varianten in Abhängigkeit von grundlegenden strategischen Prinzipien und bewertet dabei verschiedene entstehende Stellungen. Der amerikanische Champion beherrschte diese Methode, beschränkte aber die Rolle der Einschätzung auf ein Minimum, indem er alle Möglichkeiten des Berechnens ausschöpfte. Das erlaubte ihm erstens, grobe Fehler zu vermeiden und zweitens, fast immer einen Zug weiter zu sehen als der Gegner. Fischer spielte gegen alle Partner objektiv gleich, unabhängig von ihrem Alter, ihrem Stil und ihrer Klasse. Er erlaubte sich niemals einen Bluff, jagte keinen schönen Ideen hinterher, die der Stellung schadeten und hatte ein feines Gespür für das Gleichgewicht in der Partie. Zudem verfügte Fischer über ein gediegenes Eröffnungsrepertoire.

Nicht umsonst hob er von allen Weltmeistern besonders W. Steinitz, den Begründer des wissenschaftlichen Spiels, hervor.

Französische Verteidigung
Fischer – Darga
BRD 1960

1.	e2–e4	e7–e6
2.	d2–d4	d7–d5
3.	Sb1–c3	Lf8–b4
4.	e4–e5	c7–c5
5.	a2–a3	Lb4×c3+
6.	b2×c3	Sg8–e7
7.	a3–a4	

Bekanntlich zweifelte Fischer an der Korrektheit der Nimzowitsch-Variante (sie wird auch Winawer-Variante genannt) und fühlte sich verpflichtet, sie zu widerlegen.

7.	...	Dd8–c7
8.	Sg1–f3	b7–b6
9.	Lf1–b5+!	Lc8–d7

Aufmerksamkeit verdiente 9. ... Kf8.

10.	Lb5–d3	Sb8–c6
11.	0–0	c5–c4
12.	Ld3–e2	f7–f6
13.	Lc1–a3!?	

Weiß ist bereit, einen Bauern zu opfern, damit der gegnerische König im Zentrum verbleibt. Im Falle von 13. Te1 würde der Kampf ruhiger verlaufen.

13.	...	f6×e5
14.	d4×e5	Sc6×e5
15.	Tf1–e1	Se7–c6
16.	Sf3×e5	Sc6×e5
17.	f2–f4	Se5–c6

Für Fischers Eröffnungsstil ist das Bestreben charakteristisch, das Spiel um jeden Preis zu öffnen.

18. Le2–g4

Genauer war 18. Lh5+ g6 19. Lg4 0–0–0 20. Le6: Le6: 21. Te6: Td7 22. Df3 Sd8 23. Tf6!.

18.	...	0–0–0
19.	Lg4×e6	Ld7×e6
20.	Te1×e6	Td8–d7
21.	f4–f5	Sc6–d8

Schwarz verteidigt sich ausgezeichnet gegen den 17jährigen Großmeister, aber nur bis zum 24. Zug.

22.	Te6–e3	Dc7–f4
23.	Te3–f3	Df4–e4
24.	a4–a5!	Sd8–c6?

Zurück können die Bauern nicht, aber richtig war 24. ... b5. Wahrscheinlich befürchtete Darga 25. a6, doch dann hätte ihm 25. ... d4 genügend Gegenspiel eingebracht. Nach der Partiefortsetzung scheint es, daß Weiß die a-Linie schwer ausnutzen kann, aber Fischer tut dies brillant!

25.	a5×b6	a7×b6
26.	Dd1–b1!	Kc8–c7

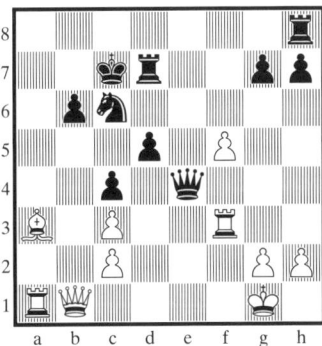

27. La3–c1!

Solche Züge kommen in der Regel überraschend für den Gegner und die Zuschauer. Ich gestehe, daß auch ich eine Schwäche für derartige Manöver habe, die erste Reihe auszunutzen. An dieser Stelle sei an die 27. Partie meines ersten WM-Matchs gegen G. Kasparow 1984/85 erinnert.

27.	...	De4–e1+

28.	Tf3–f1	De1×c3
29.	Lc1–f4+	Kc7–b7
30.	Db1–b5!	

Schwarz gab auf.

In der Französischen Verteidigung wird häufig die eine oder andere Seite von der Leidenschaft des Opferns erfaßt. Hier das Beispiel einer hervorragenden Remis-Kurzpartie, die von zwei Schachkönigen bei einer Olympiade gespielt wurde.

Französische Verteidigung
Fischer – Tal
Leipzig 1960

1. e4 e6 2. d4 d5 3. Sc3 Lb4 4. e5 c5 5. a3 La5 6. b4 cd 7. Dg4 Se7 8. ba dc 9. Dg7: Tg8 10. Dh7: Sbc6 11. Sf3 Dc7 12. Lb5! Ld7 13. 0–0 0–0–0 14. Lg5? Fischer zeigte später, daß 14. Lc6: Lc6: 15. Df7: d4 16. De6:+ Ld7 17. De7: zum Gewinn von Weiß führt. Tal bemerkte dazu, daß die Analyse die eine Seite und das praktische Spiel eine ganz andere sei. Möglicherweise liegt das Geheimnis darin, daß sich die Nimzowitsch-Variante im Spiel als korrekt und in der Analyse als unkorrekt erweist?!
14. ... Se5:! 15. Se5: Lb5: 16. Sf7: Lf1:! 17. Sd8: Tg5: 18. Se6: Tg2:+ 19. Kh1! De5 20. Tf1: De6: 21. Kg2: Dg4+. **Remis.**

Eine exotische Eröffnung

Es wäre ein Scherz zu sagen, daß Fischer Weltmeister werden konnte, ohne die Schachwelt in seiner gesamten Karriere mit einer Vielfalt von Eröffnungsvarianten zu verwöhnen. Mit Weiß genügte ihm faktisch 1. e2–e4, mit Schwarz wählte er als Antwort auf diesen Zug die Najdorf-Variante der Sizilianischen Verteidigung und auf 1. d2–d4 die Königsindische Verteidigung. Weniger kamen die Nimzoindische, die Grünfeldindische Verteidigung und ganz selten das Damengambit vor. Aber das einseitige weiße Menü wurde ihm bisweilen zu langweilig, und er ging für gewisse Zeit zu extravaganten Partieanfängen über. So tauchte zum Beispiel in seinem Repertoire die seltene Eröffnung 1. b2–b3!? auf. Im Jahre 1970 spielte Fischer sie viermal; und eine dieser Partien wurde eine Miniatur.

Eröffnung 1. b2–b3
Fischer – Tukmakow
Buenos Aires 1970

1.   b2–b3   e7–e5

Zweimal wurde im Interzonenturnier von Mallorca 1970 gegen Fischer 1. ... d5 gespielt. Weiter folgte: 2. Lb2 Sf6 3. Sf3 e6 4. g3 Le7 5. Lg2 0–0 6. 0–0 c5 7. c4 Sc6 8. cd Sd5: 9. Sc3 Lf6 10. Dc1 b6 11. Sd5: ed 12. d4 La6 13. Te1 Sd4: 14. Ld4:! cd 15. Da3 Lb7? (Ausgleich brachte 15. ... Dc8! 16. Tac1 Db7 17. Tcd1 d3) 16. Tad1 Le7 17. Da4 mit weißem Vorteil (Fischer – Filip), bzw. 2. Lb2 c5 3. Sf3 Sc6 4. e3 Sf6 5. Lb5 Ld7 6. 0–0 e6 7. d3 Le7 8. Lc6: Lc6: 9. Se5 Tc8 10. Sd2 0–0 11. f4 Sd7 12. Dg4 Se5: 13. Le5: Lf6 14. Tf3 De7?! Besser ist 14. ... Le5: 15. fe f5 16. ef Tf6: 17. Taf1 mit geringem Übergewicht von Weiß (Fischer – Mecking).

2.   Lc1–b2   Sb8–c6
3.   c2–c4   Sg8–f6
4.   e2–e3   Lf8–e7
5.   a2–a3   0–0
6.   d2–d3

Die ersten fünf Züge sind praktisch Pflicht für beide Seiten. Larsen versuchte in seiner traurig berühmten Partie gegen B. Spasski (Belgrad 1970) 4. Sf3, aber nach 4. ... e4! 5. Sd4 Lc5 6. Sc6: dc! hatte nur Weiß Schwierigkeiten, und es kam – wie Sie wissen – eine Miniatur heraus (siehe Seite 59).

6.   ...   d7–d5
7.   c4×d5   Dd8×d5

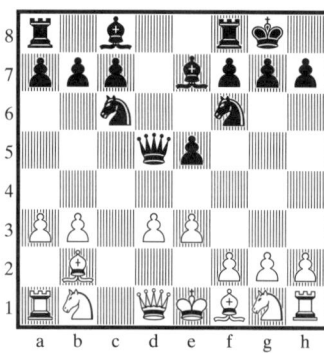

Allem Anschein nach steht Schwarz aktiver, zumal der Gegner stark in der Entwicklung zurückgeblieben ist. Aber dem weißen „Igel" ist nicht beizukommen.

8.   Sb1–c3   Dd5–d6
9.   Sg1–f3   Lc8–f5
10. Dd1–c2   Tf8–d8
11. Ta1–d1   h7–h6
12. h2–h3   Dd6–e6

Hier war eine Abtauschkombination möglich, aber in ihrem Ergebnis hätte Weiß das bessere Endspiel erhalten: 12. ... e4?! 13. de Le4: 14. Se4: Dd1:+ 15. Dd1: Td1:+ 16. Kd1: Se4: 17. Ke1. Nun droht bereits 13. ... e4.

13. Sf3–d2   Sf6–d7
14. Lf1–e2   Kg8–h8?

Schwarz verfolgt einen falschen Plan, er will f7–f5 durchsetzen. Doch dies führt nur zur Bildung von Schwächen. Er mußte 14. ... Dg6! spielen.

15. 0–0   Lf5–g6
16. b3–b4   a7–a6
17. Td1–c1   Ta8–c8
18. Tf1–d1

Der Gegner hat den riskanten Zug mit dem f-Bauern noch nicht ausgeführt, aber die Initiative ist bereits auf seiten von Weiß. Der schwache Punkt c5 wird jetzt von den Springern besetzt. In dieser schwierigen Situation war es wohl das kleiner Übel, zu dem Plan zurückzukehren, mittels Lg6–f5 und De6–g6 Druck auf den Bauern d3 auszuüben.

18. ...   f7–f5?

19.	Sc3–a4	Sc6–a7
20.	Sd2–b3!	b7–b6
21.	d3–d4	f5–f4
22.	e3–e4	Sa7–b5?

Verständlicherweise geht 22. ... ed 23. Sd4: De4:?? wegen 24. Ld3 nicht, aber eine letzte Chance bestand in 22. ... Le4:!? 23. De4: Db3: 24. La6: Da4: 25. Lc8: Tc8: 26. de Sf8 27. e6.

23.	Le2–g4	De6–f6
24.	d4×e5	Sd7×e5
25.	Lg4×c8	Td8×c8
26.	Td1–d5	

Schwarz gab auf.

Eine Partie als Wendepunkt

Das Match, das den Namen des elften Weltmeisters trug, fand in einer selten gespannten Atmosphäre statt. Auf jeden Fall wurde in ihm insgesamt nur eine Miniatur gespielt. Vielleicht wäre ein weiterer WM-Kampf mit Fischers Teilnahme „freudvoller" gewesen, mit entscheidenden Eröffnungsüberraschungen, vernichtenden Mattangriffen usw. Leider aber kam ein solches Duell nicht zustande, und wie bekannt ist, liegt dies in keiner Weise am Autor dieses Buches.

Von den 13 Schachkönigen der Geschichte leben heute noch sieben, von denen fünf aktiv (und erfolgreich!) an Turnieren teilnehmen: Smyslow, Tal, Spasski, Karpow und Kasparow. Der erste sowjetische Schachweltmeister, Michail Botwinnik, hat seine spielpraktische Tätigkeit seit langem eingestellt. Die Schachwelt bedauerte dies zwar, aber war nicht allzu sehr erstaunt, als Botwinnik im Alter von 58 Jahren beschloß, „in Rente" zu gehen. Eine andere Angelegenheit war es mit Fischer. Fast zwei Jahrzehnte ist es her, daß der

junge Amerikaner Spasski vom Thron stürzte und seitdem kein Turnier mehr bestritt. Über das freiwillige Eremitendasein Fischers wurde viel geschrieben, aber es ist anzunehmen, daß niemand die wahren Motive kennt, die ihn veranlaßten, so zu handeln. Dennoch verlieren die Anhänger des Schachspiels nicht die Hoffnung, wieder mit Partien und neuen Miniaturen Fischers Bekanntschaft zu machen. Hier ist nun seine bislang letzte Kurzpartie in seinem letzten Wettkampf...

Nimzoindische Verteidigung
Spasski – Fischer
Reykjavik 1972

1.	d2–d4	Sg8–f6
2.	c2–c4	e7–e6
3.	Sb1–c3	Lf8–b4
4.	Sg1–f3	c7–c5
5.	e2–e3	Sb8–c6
6.	Lf1–d3	Lb4×c3+
7.	b2×c3	d7–d6
8.	e3–e4	e6–e5

Diese Variante kam damals häufig in Turnieren vor. Dann aber wurde bald eine genauere Zugfolge für Weiß gefunden, und das Abspiel kam aus der Mode. Die Gründe für diese Metamorphose werden sogleich deutlich.

9.	d4–d5	Sc6–e7
10.	Sf3–h4	h7–h6

Spielt Schwarz sofort 10. ... Sg6, so folgt unangenehm 11. Sf5.

| 11. | f2–f4 | |

Diesen Zug hatte Spasski speziell für das WM-Match vorbereitet. Das vorher gebräuchliche 11. f3 ist zu passiv.

| 11. | ... | Se7–g6 |

Wir stimmen der Analyse S. Gligorićs zu, daß 11. ... ef wegen 12. Lf4: g5 13. e5 Sg4 14. e6! und weißem Übergewicht für Schwarz ungünstig wäre.

| 12. | Sh4×g6 | f7×g6 |

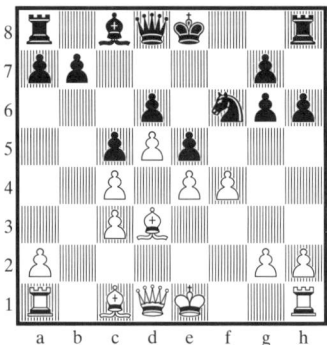

13. f4×e5

Ein ernsthafter Schnitzer, der Schwarz sofort ein gutes Spiel einbringt. Richtig war 13. 0-0 0-0 14. f5! mit der Idee, Schwarz am Königsflügel einzuklemmen (g2-g4, h2-h4). Nach 14. ... gf 15. ef e4 16. Le2 De7 17. Le3 Ld7 18. De1 Sh7 19. g4 Sg5 20. Dg3 ist die weiße Stellung aussichtsreicher.

13.	...	d6×e5
14.	Lc1-e3	b7-b6
15.	0-0	0-0
16.	a2-a4	

Die weiße Dame mußte auf den Weg Dd1-e1-g3 gebracht werden. Der Bauer a4 wird sogleich zum Angriffsobjekt, und auf diesem Feld überhaupt (wer hätte das gedacht!) entscheidet sich das Schicksal der Partie.

| 16. | ... | a7-a5 |

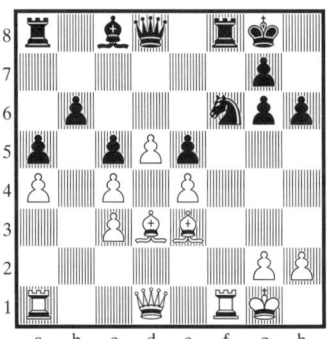

| 17. | Ta1-b1 | Lc8-d7 |

| 18. | Tb1-b2 | Ta8-b8 |
| 19. | Tb2-f2 | |

Nachdem Spasski davon überzeugt war, daß der Bauer b6 zuverlässig geschützt ist, zog er seinen Turm auf den anderen Flügel. Aber die Vereinfachungen auf der f-Linie lösen nicht alle Probleme von Weiß.

19.	...	Dd8-e7
20.	Ld3-c2	g6-g5
21.	Le3-d2	De7-e8
22.	Ld2-e1	De8-g6
23.	Dd1-d3	Sf6-h5!
24.	Tf2×f8+	Tb8×f8
25.	Tf1×f8+	Kg8×f8
26.	Lc2-d1	Sh5-f4!

Ein etwas unvorsichtiger Zug von Schwarz wie 26. ... Sf6 hätte ausgereicht, damit Weiß das Spiel durch 27. Lg3 ausgleichen konnte. Nach 27. Db1 bewahrt Schwarz zwar die Initiative, aber es stünde noch ein zäher Kampf bevor.

| 27. | Dd3-c2?? | |

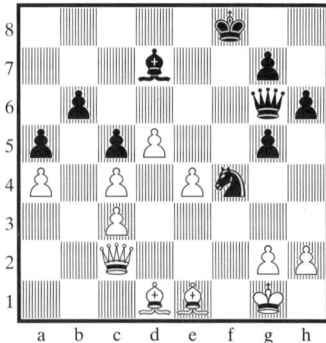

Spasski stellt seine Dame auf das Nachbarfeld, und Fischer nutzt dies augenblicklich aus.

| 27. | ... | Ld7×a4! |

Weiß gab auf. Nach 28. Da4: De4: ist das Matt nicht mehr zu verhindern.

Mit dem Sieg in dieser Partie glich Fischer nur den Gesamtstand aus. Doch durch den Gewinn beflügelt, behielt er auch in der folgenden Begegnung, einer der besten des gesamten Matchs, die Oberhand. Auf diese Weise ging ein augenfälliger Umschwung im Verlauf des Kampfes vor sich.

Man kann nur rätseln, wie alles ausgegangen wäre, wenn Spasski nicht ein so grobes Versehen in diesem Duell passiert wäre.

Beschließen wir das Kapitel Fischer mit einem Glanzsieg des damals 20jährigen aus der USA-Landesmeisterschaft 1963/64.

Grünfeld-Indisch
Byrne – Fischer
New York 1964
1. d4 Sf6 2. c4 g6 2. g3 c6 4. Lg2 d5 5. cd cd 6. Sc3 Lg7 7. e3 0–0 8. Sge2 Sc6 9. 0–0 b6 10. b3 La6 11. La3 Te8 12. Dd2 e5 13. de Se5: 14. Tfd1? Sd3 15. Dc2 Sf2:!! 16. Kf2: Sg4+ 17. Kg1 Se3: 18. Dd2 „Als ich am Brett saß und darüber nachgrübelte, warum Fischer gerade diese für Schwarz eindeutig ungünstige Variante gewählt hatte, erfolgte **18. ... Sg2:!!**", schrieb R. Byrne. „Dieser blendende Springerzug war der K.o.-Schlag..." Weiß war offensichtlich davon ausgegangen, daß der Gegner die Qualität nimmt – 18. ... Sd1:, wonach der Anziehende auf 19. Td1: das bessere Spiel erhält.
19. Kg2: d4! 20. Sd4: Lb7+ 21. Kf1 Dd7! Weiß gab auf.

Anatoli Karpow
* 23. 5. 1951

12. Weltmeister 1975 – 1985

Um einen halben Zug schneller

In dieser Partie wird die gleiche origi-
nelle Variante des Damengambits wie-
derholt, wie bei meinem vorhergehenden Treffen mit Seirawan beim Turnier in
London. Dort verlor ich gegen den
amerikanischen Großmeister und stellte
die Uhr schon nach 31 Zügen ab. Hier
war das Ergebnis umgekehrt, wobei
Seirawan im 30. Zug aufgab. Auf diese
Weise übertraf ich ihn in der Gesamtwertung beider Partien um einen halben
Zug!

Damengambit
Seirawan – Karpow
Hamburg 1982

1.	Sg1–f3	Sg8–f6
2.	c2–c4	e7–e6
3.	Sb1–c3	d7–d5
4.	d2–d4	Lf8–e7
5.	Lc1–g5	h7–h6
6.	Lg5–h4	0–0
7.	Ta1–c1	b7–b6

Es sei daran erinnert, daß das Damengambit in meinen Duellen gegen Kasparow häufig vorkam. Wir wechselten dabei auch die Farben, und als Reaktion
auf 5. ... h6 ging Weiß entweder mit dem
Läufer nach h4 zurück oder tauschte ihn
durch 6. Lf6:.

8.	c4×d5	Sf6×d5
9.	Sc3×d5	e6×d5
10.	Lh4×e7	Dd8×e7
11.	g2–g3	Tf8–e8

Hier kamen sonst die Züge La6, Lf5, Td8
vor. In der „Enzyklopädie der Schacheröffnungen" wird auf Awerbachs Fortsetzung 11. ... Te8 verwiesen. In der Tat,
warum soll Weiß nicht einige Schwierigkeiten bei der Vollendung seiner Entwicklung bekommen?

12.	Tc1–c3	Sb8–a6
13.	Dd1–a4	

Bislang verlief alles nach „Londoner
Mustern". Die Idee, den Turm nach e3
zu überführen, ist natürlich lustig. Wenn
man im übrigen aufmerksam auf die
Stellung sieht, entdeckt man in der weißen Aufstellung eine gewisse Schwäche. Der Anziehende spielte g2–g3, und
dann schwenkte er – als ob er den ge-
planten Stellplatz für seinen Läufer ver-
gessen hätte – zum anderen Flügel
über. Genauer gesagt, gelangt der
weiße Läufer in dieser Partie nicht auf

seine angestammte Diagonale h1–a8. Die unzulängliche weiße Figurenkonstellation spürte ich auch in der vorangegangenen Begegnung mit Seirawan. Dort ergriff ich entschlossene Maßnahmen, indem ich eine Figur opferte: 13. ... c5!? 14. Te3 Le6 15. Da6: cd. Aber nach 16. Tb3 Lf5 17. Lg2 Lc2 18. Sd4: Lb3: 19. Sb3: Tac8 20. Lf3 Tc2 21. 0–0 beendete Weiß seine Entwicklung günstig und realisierte sein materielles Übergewicht: 21. ... Tb2: 22. Td1 Td8 23. Sd4 Td7 24. Sc6 De8 25. Sa7: Tc7 26. a4 Da8 27. Td5: Da7: 28. Td8+ Kh7 29. Dd3+ f5 30. Df5:+ g6 31. De6. Schwarz gab auf.

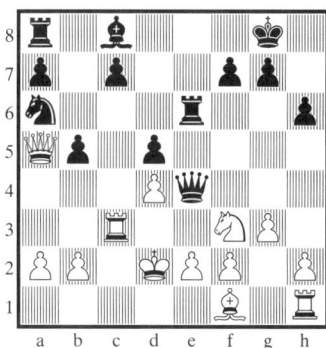

13. ... b6–b5!

Dieses Mal ging der Nachbarbauer nach vorn, was für Weiß um vieles gefährlicher ist. Interessant ist, daß Seirawan und ich diesen Zug sofort nach Beendigung der Partie in London analysierten und zu dem Schluß kamen, sehr stark wäre nun 14. Da5, um die schwarzen Felder zu besetzen. Wir erkannten natürlich, daß wir diese Stellung nicht zum letzten Mal studierten und brachen die Analyse schnell ab. In häuslicher Stille fand ich heraus, daß unsere Erkenntnisse, gelinde gesagt, ungenau waren.

14. Da4–a5 De7–e4!

Es ist paradox, aber Weiß befindet sich bereits im Zugzwang. Natürlich mußte seine Dame nach c2 zurückgehen. Unschwer kann man sich vorstellen, daß Seirawan eine Überraschung erwartet.

15. Ke1–d2

Den Turm auf die erste Reihe zurückzuziehen, gelingt nicht wegen 15. ... Df3:, und es stellt sich heraus, daß der Königszug die einzige Verteidigung vor der Schachdrohung auf b1 ist.

15. ... Te8–e6

Nicht aber sofort 15. ... Db1, weil nach 16. Db5: der Turm e8 angegriffen ist und es Weiß gelingt, seinen Läufer nach g2 zu spielen. Untauglich ist auch 15. ... Lf5 16. Da6: Db1 17. Tc1 Db2:+ 18. Kd1.

16.	b2–b3	b5–b4
17.	Tc3–e3	De4–b1
18.	Te3×e6	Db1–b2+
19.	Kd2–d1	Lc8×e6!

Nach 19. ... fe 20. Db5: Da1+ 21. Kd2 Da2:+ 22. Ke3 Db3:+ 23. Kf4 Dc2! besitzt Schwarz Vorteil, er muß aber mit 20. Da4!? rechnen.

20.	Da5×a6	Db2–a1+
21.	Kd1–d2	Da1–c3+
22.	Kd2–d1	Le6–f5
23.	Sf3–e1	Ta8–b8!

Schwarz kann auch anders vorgehen, zum Beispiel 23. ... Da1+ 24. Kd2 Dd4:+ 25. Sd3, und jetzt entweder 25. ... Dc3+ 26. Kd1 c5 27. Dc6 Da1+ 28. Sc1 Tc8 oder sofort 25. ... c5. Aber der in dieser Partie verfolgte Plan gefiel mir besser.

| 24. | Da6×a7 | Tb8–b6 |
| 25. | e2–e3 | |

Auch 25. Da8+ Kh7 26. Dd5: Da1+ 27. Kd2 Da2:+ 28. Ke3 Te6+ 29. Kf3 Le4+ hilft Weiß nicht weiter.

| 25. | ... | Tb6–c6 |
| 26. | Lf1–c4 | |

Der Versuch, mittels 26. Da8+ Kh7 27. Dc6: Dc6: 28. Ld3 Ld3: 29. Sd3: Dc3 30. Sc1 eine Festung zu errichten, wird durch den Zentrumsvorstoß 30. ... c5 31. dc d4 durchkreuzt.

| 26. | ... | Dc3–a1+ |
| 27. | Kd1–d2 | |

Auch nicht besser ist 27. Ke2 Db2+ 28. Kf1 Lh3+ oder 28. Kf3 Le4+ 29. Kg4 Df2:.

27.	...	Da1–b2+
28.	Kd2–d1	d5×c4
29.	Da7–a8+	Kg8–h7
30.	Da8×c6	c4–c3

Weiß gab auf.

Schnelle Revanche

Auf dieses Duell bereitete ich mich besonders sorgfältig vor. Der Grund bestand darin, daß ich im ersten Durchgang des langen Turniers von Turin gegen L. Ljubojević verloren hatte. Das passierte mir zum ersten Mal in all den Jahren gegen ihn. Natürlich wollte ich im zweiten Durchgang Revanche nehmen. Dies gelang mir mit einer Miniatur.

Sizilianische Verteidigung
Karpow – Ljubojević
Turin 1982

1.	e2–e4	c7–c5
2.	Sg1–f3	d7–d6
3.	d2–d4	Sg8–f6
4.	Sb1–c3	

Ich erwartete, daß Ljubojević versuchen würde, den Kampf in die Bahnen der Najdorf-Variante zu lenken. Deshalb führte ich den Zug mit dem Springer aus, wogegen ich unter anderen Umständen vielleicht 4. dc gespielt hätte.

4.	...	c5×d4
5.	Sf3×d4	a7–a6
6.	Lf1–e2	e7–e6

Schwarz bevorzugt das Scheveninger System.

| 7. | f2–f4 | Dd8–c7 |
| 8. | 0–0 | b7–b5?! |

Die Theorie bewertet diesen Vorstoß zurückhaltend und beurteilt ihn als verfrüht und riskant. Ich wußte, daß der jugoslawische Großmeister bei der ersten Gelegenheit versuchen würde, am Damen-

flügel aktiv zu werden. Es ist schwierig, eine solche Strategie am Brett zu widerlegen.

9.	Le2–f3	Lc8–b7
10.	e4–e5	d6×e5
11.	f4×e5	Sf6–d7
12.	Lc1–f4	

Häufiger kommt zu Beginn der Zug 6. Le3 vor, hier aber gelangte der Läufer in einem Zug nach f4, was Weiß klar zum Vorteil gereicht.

| 12. | ... | b5–b4?! |

Schwarz hat das Gefühl für Gefahren verloren und will trotz zweier nicht entwickelter Flügel einen Bauern gewinnen. Unbedingt notwendig war 12. ... Sc6. Als mein Partner über seinen Zug nachdachte, rechnete ich die Varianten in Gedanken durch und mußte unwillkürlich lächeln: 12. ... Sc6 13. Sd5 und 14. e6 Df4: 15. ed+ Kd8 (15. ... Kd7: 16. Lg4+) 16. Sc6:+ Lc6: 17. Ld5: Dd6 18. Lc6: Dc6: 19. Tf7: Ta7 20. Dg4 Td7:+ 21. Td7:+ Dd7: 22. Td1 Ld6 23. Dd4 Lc5.

| 13. | Sc3–e4 | Sd7×e5 |

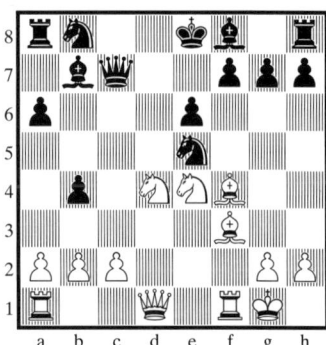

| 14. | Kg1–h1! | |

Ein für derartige Stellungen charakteristischer Zug, den Schwarz offensichtlich nicht in Rechnung gestellt hatte, denn Ljubojević versank nun in tiefes Nachdenken.

| 14. | ... | Lf8–e7 |

Im Falle von 14. ... Sbd7 15. Sg5! Lf3: 16. Sdf3: ist Schwarz wahrlich nicht zu beneiden.

15. Se4–g5! Le7×g5

Eine andere Wahl gibt es nicht. Die Ereignisse entwickeln sich beinahe forciert.

16. Lf3×b7!

Schwächer wäre 16. Le5: De5: 17. Lb7:, weil nach 17. ... Ta7 18. Lc6+ Ke7 19. Sf3 Dc5 die schwarze Stellung fast vorzuziehen ist.

16. ... Dc7×b7

Auf 16. ... Ta7 folgt das standardgemäße 17. Se6: fe 18. Dh5+ Df7 19. Dg5:, und der weiße Angriff ist sehr gefährlich. Und im Falle von 16. ... Lf4: 17. La8: Sg6 18. Dg4! 0–0 19. Se6: fe 20. De6:+ Kh8 21. Tad1 sind die schwarzen Figuren ohne Schutz.

17. Lf4×e5 0–0

18. Dd1–g4 Db7–e7

Wieder die einzige Antwort. Auf 18. ... h6 entscheidet 19. Se6: Dd7 20. Lg7:.

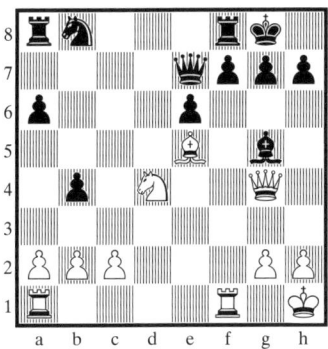

19. Dg4–g3!

Dieser Zug erwies sich für mich als der schwierigste und erforderte ein halbstündiges Nachdenken. Die „Batterie" Dame und Läufer entscheidet den Ausgang des Kampfes. Wie mir scheint, spürte mein bis dahin unverzagter Partner, daß es nun keine Hoffnung mehr für

ihn gab. Weniger versprach die Fortsetzung 19. Se6: De6: 20. Dg5: Dg6. Konsequenter war 19. Lb8: Tab8: 20. Sc6 Dc5 21. Sb8: Tb8: 22. Tad1, doch der ausgeführte Zug ist viel zwingender.

19. ... Tf8–c8

Wenn 19. ... Sd7, so 20. Ld6 Dd8 21. Sc6 mit Gewinn für Weiß, und 19. ... f6 20. Ld6 Dd7 21. Lf8: Dd4: ist schlecht wegen 22. Tad1. Hartnäckiger war 19. ... Td8.

20. Le5–d6 De7–d7

Auf 20. ... Dd8 folgt 21. Se6:.

21. Ta1–d1 f7–f6

Auf 21. ... Sc6 entscheidet 22. Dg5: Dd6: 23. Sf5.

22. Ld6×b8 Ta8×b8

23. h2–h4! Lg5×h4

Die schwarze Stellung ist verloren. Nach 23. ... Lh6 käme es zu einem effektvollen Finale: 24. Sf5 Dc7 25. Sh6:+ Kh8 26. Td8+!

24. Dg3×h4 Tc8–c4

25. Dh4–g3 Tb8–c8

26. Sd4–f5 Dd7–a7

27. Sf5–d6 Tc4–c5

28. Dg3–h3

Schwarz gab auf.

Der Läufer in der Falle

Beim Aufeinandertreffen von Schachspielern verschiedener Stärke kommt es manchmal zu erstaunlichen Situationen. Die folgende Partie wurde in der letzten Runde eines Turniers gespielt, als ich für meine Gegner bereits nicht mehr einzuholen war. Sie wurde leicht und frei gespielt. Schnell zeigte sich der Klassenunterschied, und es gelang mir, einen effektvollen Sieg zu erringen. Wie schwer aber fällt es mitunter, im Kampf gegen einen gleichwertigen Partner den gewünschten Punkt zu holen, wenn es die Turniersituation erfordert!

Skandinavische Verteidigung

Karpow – Rogers

Bath 1983

1.	e2–e4	d7–d5
2.	e4×d5	Dd8×d5
3.	Sb1–c3	Dd8–a5
4.	d2–d4	Sg8–f6
5.	Sg1–f3	

In einer der ersten Runden desselben Wettbewerbs spielte M. Chandler gegen J. Rogers 5. Lc4 und erhielt leichten Vorteil, ich aber wollte aus der Eröffnung mehr herausholen.

5.	...	Lc8–g4
6.	h2–h3	Lg4–h5
7.	g2–g4	Lh5–g6
8.	Sf3–e5	e7–e6
9.	h3–h4!	

Der Zug mit dem Randbauern ist eine theoretische Neuerung. Diese Stellung kam in meiner Praxis schon einmal gegen Larsen vor. Dort spielte ich 9. Lg2, weil ich dachte, es sei notwendig, ein Tempo für die mögliche Rochade zu gewinnen. Weiter folgte 9. ... c6 10. h4 Lb4 mit geringem Übergewicht von Weiß.

Mein Gegner sagte mir nach der Partie, daß er bereit war, den Eröffnungsteil der erwähnten Partie vollständig zu wiederholen, da er eine Verstärkung für Schwarz gefunden habe. Ich, der die Stellung zum zweiten Mal auf dem Brett hatte, verstand, daß Schwarz beim Vorstoß des h-Bauern und dem gefesselten Springer auf c3 das Feld e4 so oder so als Stützpunkt benutzen würde. Der Läufer g2 wäre dann auf der langen Diagonale zur Wirkungslosigkeit verurteilt. Übrigens ist auch der Zug 9. Ld2 für Weiß durchaus günstig, zum Beispiel: 9. ... Lb4 10. Lg2 c6 11. a3 Lc3: 12. Lc3: Dc7 13. De2 Sfd7 14. 0–0–0 mit Übergewicht des Anziehenden (Eslon – Rogers, Biel 1984).

9.	...	Lf8–b4
10.	Th1–h3!	

Weiß schlägt zwei Fliegen mit einer Klappe: er deckt den Springer c3 und – was noch wichtiger ist – er entfernt rechtzeitig den Turm von der Diagonalen a8–h1. Schwächer war 10. Ld2 wegen 10. ... Db6 mit schwarzem Gegenspiel.

10.	...	c7–c6

Schwarz bereitet die Evakuierung seiner Dame vor, da diese sich nach dem Rösselsprung des Schimmels von e5 nach c4 unbehaglich fühlen könnte. Der Versuch, den Vormarsch des h-Bauern mittels 10. ... h5 zu stoppen, führt zu ernsten Schwächen im schwarzen Lager: 11. Sg6: fg 12. g5 Sd5 13. Ld2. Ungeachtet seines Mißerfolges in dieser Begegnung ließ Rogers auch in der folgenden Zeit nicht von seiner geliebten Eröffnungswaffe ab und verstärkte das Spiel von Schwarz: 10. ... Lc3:+! 11. bc Sbd7. Diese Stellung kam häufig in der Praxis meines Gegners vor. Dagegen setzte Weiß mit 12. Sg6:, 12. h5, 12. f4 und 12. Sd7: fort, aber jedes Mal ging Schwarz aus der Eröffnung mit gleichen Chancen hervor.

11.	Lc1–d2	Da5–b6
12.	h4–h5	Lg6–e4

Der Angriff auf den Bauern d4 hindert Weiß nicht daran, seinen Plan durchzusetzen, denn das Opfer darf nicht angenommen werden: 12. ... Dd4: 13. Sf3 Dg4: 14. hg Dg6: 15. Tg3 Dh5 (noch schlechter wäre 15. ... Df5 16. Tg5, und die Dame ist verloren) mit weißer Gewinnstellung.

13. Th3–e3!

Spielt Weiß überhastet, kann er in eine Falle tappen: 13. Sc4 Dd4: 14. Se4:. Es sieht so aus, als gewänne Weiß eine Figur, aber 14. ... Se4: 15. Lb4: Df2:matt.

13. ...   Lb4×c3

Der Springer muß jetzt unbedingt beseitigt werden, um sofort zu klären, womit Weiß schlägt, mit dem Bauern oder mit dem Läufer. Im Falle von 13. ... Ld5 würde Weiß 14. g5 spielen, und auf 14. ... Sfd7 mit dem Springer ausweichen, um dem c-Bauern den Weg zur Eroberung des Läufers d5 freizumachen: 15. Sa4, 16. c4. Der Bauer d4 ist nach wie vor nicht zu nehmen: 13. ... Dd4: 14. Se4: Se4: 15. Lb4: De5: (15. ... Db4:+ 16. c3, und der Springer e4 geht verloren) 16. Lg2 f5 17. gf ef 18. Le4: fe 19. Dg4 mit Gewinn für Weiß.

14. Ld2×c3

Auf 14. bc könnte Schwarz seinen Läufer auf eine andere Diagonale bringen (14. ... h6!).

14. ...   Le4–d5

Einfach notwendig. Der Läufer muß den Springer e5 bewachen, sonst kann der Nachziehende nach 14. ... h6 15. Sc4 Dc7 16. Lb4 nicht das schwache Feld d6 überdecken.

15.	g4–g5	Sf6–e4
16.	Dd1–g4	Se4–d6
17.	0–0–0	Sb8–d7

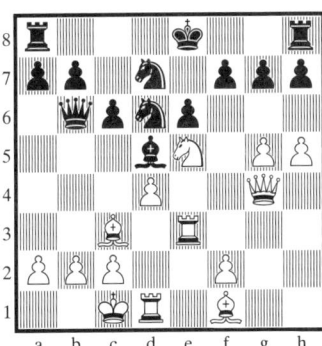

18. Lc3–e1!!

Eine paradox anmutende Idee. Die Mehrzahl der Schachspieler würde hier nach Wegen für den Angriff suchen. Zunächst ging ich auch diesen Weg, aber 18. Sd7: Kd7: hätte Schwarz zwar die Rochade verdorben und den König im Zentrum festgehalten, aber nach Inrechnungstellung des geschlossenen Charakters der Stellung kam ich zu dem Schluß, daß keine weiteren konkreten Drohungen geschaffen werden können. Auch die Vorstöße 18. h6 und 18. g6 versprechen nichts. Es ist erstaunlich, daß Weiß jetzt dennoch eine Gewinnstellung erhält, ohne mit seinen Figuren anzugreifen, sondern, indem er sie zurückzieht!

18.	...	Sd7×e5
19.	d4×e5	Sd6–f5
20.	Te3–h3!	

Es zeigt sich, daß der nach e1 zurückgegangene Läufer zwei Aufgaben erfüllt: Er stört nicht die Vorwärtsbewegung des c-Bauern und schützt den Bauern f2. Auch der Sinn des weißen Turmmanövers wird nun klar. Der Turm nimmt dem schwarzen Läufer das einzige Feld in der Ecke des Bretts. Nun ist 20. ... c5 wegen 21. Td5: ed 22. Df5: nicht spielbar, und auf 20. ... Dc5 antwortet Weiß 21. b4 und 22. c4.

20.	...	0–0–0
21.	c2–c4	Db6–c5
22.	b2–b4	

Schon jetzt könnte der Vorhang fallen, doch Schwarz führt aus Gewohnheit noch einige Züge aus.

22.	...	Ld5–f3
23.	Td1×d8+	Th8×d8
24.	Dg4×f3	Dc5×e5
25.	Le1–c3	De5–d6
26.	Lf1–d3	Sf5–d4
27.	Df3×f7	Sd4–f5
28.	Ld3×f5	Dd6–f4+
29.	Th3–e3	

Schwarz gab auf.

Der Wert häuslicher Vorbereitung

Diese Kurzpartie ist ein klassisches Beispiel für eine Schlacht, die vollständig im Prozeß häuslicher Vorbereitung entschieden wurde. Man kann die Neuerung nicht als ungewöhnlich bezeichnen – sie bestand in der einfachen Vorwärtsbewegung des h-Bauern um ein Feld. Die aufmerksame Analyse zeigte aber, daß die schwarze Verteidigung nach diesem Zug erschwert wird.

Grünfeldindische Verteidigung
Karpow – Kasparow
WM-Revanchematch
17. Partie
Leningrad 1986

1.	d2–d4	Sg8–f6
2.	c2–c4	g7–g6
3.	Sb1–c3	d7–d5
4.	Sg1–f3	Lf8–g7
5.	Dd1–b3	d5×c4
6.	Db3×c4	0–0
7.	e2–e4	Lc8–g4
8.	Lc1–e3	Sf6–d7
9.	Ta1–d1	Sb8–c6
10.	Lf1–e2	Sd7–b6
11.	Dc4–c5	Dd8–d6

Die kritische Stellung der Smyslow-Variante. Welche Wege wurden hier nicht erforscht! Vorgekommen sind 12. Dd6:, 12. Sb5, 12. d5, 12. h3, 12. 0–0. Ich erinnere daran, daß in der bekannten Partie Botwinnik – Fischer (Varna 1962) Schwarz nach 12. h3 Lf3: 13. gf Tfd8 14. d5 Se5 15. Sb5 Df6 16. f4 Sed7 17. e5 die unangenehme Überraschung 17. ... Df4:! parat hatte. Nach beiderseitigen Fehlern endete die bemerkenswerte Begegnung dennoch remis. Aber er zeigt sich, daß Weiß noch einen interessanten Zug zur Verfügung hat, der früher in der Praxis nicht erprobt wurde.

12. e4–e5!

Eine auf den ersten Blick paradoxe Entscheidung. Weiß schwächt nicht nur hoffnungslos seinen Bauern e5, sondern läßt auch noch den Damentausch zu. Aber es ist alles nicht so einfach.

12.	**...**	**Dd6×c5**
13.	**d4×c5**	**Sb6–c8**

Auf das natürlichere 13. ... Sd7 folgt 14. h3! Lf3: 15. gf!, und der Bauer e5 ist nicht zu schlagen, weil 16. f4! (egal welcher Springer nimmt) eine Figur gewinnt. Anderenfalls stützt Weiß den Bauern auf e5 durch seinen Nachbarn und erlangt klares Übergewicht.

14. h2–h3!

In der vorangegangenen ungeraden Partie, wo die Neuerung 12. e5 zum ersten Mal vorkam, spielte ich hier 14. Sb5 und nach 14. ... Tb8! 15. Sc7: e6! gelang es Schwarz, die Stellung auszugleichen.

14. ... Lg4×f3

Im Falle von 14. ... Le6 ist der Springerausfall 15. Sg5 unangenehm: 15. ... Se5 16. Se6: fe 17. f4.

15. Le2×f3 Lg7×e5?

Auch bei einem anderen Schlagen des Bauern bekommt Schwarz Schwierigkeiten: 15. ... Se5: 16. Lb7: Tb8 17. c6 Sc4 18. Td7, aber dennoch war es besser, den Bauern mit dem Springer zu nehmen.

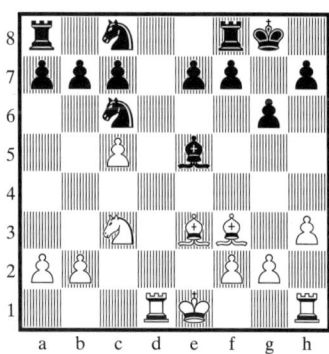

16.	**Lf3×c6!**	**b7×c6**
17.	**Le3–d4**	**Le5–f4**

Würden die Läufer getauscht – 17. ... Ld4: 18. Td4: Tb8 19. b3 a5, könnte der weiße Turm auf der siebenten Reihe eindringen, aber nach 20. Td7 Sa7 21. Tc7:

Sb5 22. Sb5: Tb5: 23. Tc6: a4! erhält Schwarz Gegenspiel. Stärker ist allerdings 20. Ta4 Ta8 21. Ke2 Td8 22. Td1 Td1: 23. Sd1: mit weiterem Übergewicht des Springers auf c4.

| 18. | 0–0 | a7–a5 |

Offensichtlich der entscheidende Fehler. Unbedingt notwendig war es, mit dem e-Bauern nach vorn zu gehen. Bei der Vorbereitung auf die Partie schien es uns, daß Weiß nach 18. ... e5 19. Le3 Le3: 20. fe leichten Vorteil besitzt. Doch bald nach dem Match kam diese Stellung in der Begegnung Karpow – Timman (Tilburg 1986) vor, und der holländische Großmeister wies nach, daß Schwarz Chancen hat, die Partie zu halten. Unser Duell ging so weiter: 20. ... Se7 21. Td7 Sf5 22. Tc7:.
Man behält das Gefühl, daß Weiß irgendwo stärker spielen konnte, aber es ist die Frage wo genau?!

19.	Tf1–e1	a5–a4
20.	Te1–e4	Lf4–h6
21.	Ld4–e5	a4–a3
22.	b2–b3	Sc8–a7
23.	Ta1–d7	Lh6–c1
24.	Td7×c7	Lc1–b2
25.	Sc3–a4!	

Das materielle Gleichgewicht ist wieder hergestellt, aber die Drohungen von Weiß wachsen.

25.	...	Sa7–b5
26.	Tc7×c6	Tf8–d8
27.	Tc6–b6!	Td8–d5

Mit einer List verbunden: Wenn 28. Sb2:, so 28. ... Te5:! 29. Te5: ab 30. Te1 Sc3, und der b-Bauer bringt Schwarz überraschend den Sieg. Doch die Falle zu umgehen, ist nicht schwer.

28.	Le5–g3	Sb5–c3
29.	Sa4×c3	Lb2×c3
30.	c5–c6	Lc3–d4
31.	Tb6–b7	

Schwarz gab auf.

Der Tod des Drachens

Die folgende Partie wurde in der letzten Runde der XXVII. Schacholympiade gespielt. In dem Match gegen Polen durften wir nicht einen halben Punkt abgeben, so daß diese Begegnung entscheidend sein konnte... Indem wir den Wettkampf mit 4:0 gewannen, siegten wir bei dieser Olympiade mit einem halben Punkt vor England.

Sizilianische Verteidigung
Karpow – Sznapik
Dubai 1986

1.	e2–e4	c7–c5
2.	Sg1–f3	d7–d6
3.	d2–d4	c5×d4
4.	Sf3×d4	Sg8–f6
5.	Sb1–c3	g7–g6
6.	Lc1–e3	Lf8–g7
7.	f2–f3	0–0
8.	Dd1–d2	Sb8–c6

Wir spielten also die Drachenvariante, eine der spannendsten und schärfsten in der Schachtheorie. Die Absichten beider Seiten sind klar und eindeutig. Schwarz bemüht sich um gefährlichen Druck am Damenflügel, und Weiß greift am Königsflügel an.
Laut Statistik waren bislang die Bemühungen des Anziehenden mehr von Erfolg gekrönt.

| 9. | Lf1–c4 | Lc8–d7 |
| 10. | 0–0–0 | Sc6–e5 |

11. Lc4–b3   Ta8–c8

Lange Zeit wurde darüber diskutiert, mit welchem Turm Schwarz die c-Linie besetzen soll. Heute hat sich der Zug mit dem Randturm eingebürgert.

12. h2–h4   h7–h5

Früher stemmte Schwarz sich dem h-Bauern nicht entgegen. Zum Beispiel geschah 12. ... Sc4 13. Lc4: Tc4: 14. h5!? Ein häufiges Opfer, doch das letzte Wort ist bisher noch nicht darüber gesprochen worden, obwohl der weiße Angriff öfter durchschlägt. Gegenwärtig ist das symmetrische h7–h5 beliebter, um die Attacke von Weiß zu bremsen.

13. Le3–g5

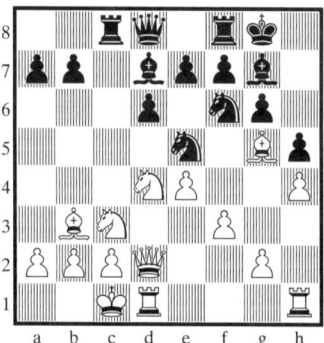

Die solideste Fortsetzung, der Zug 13. Lh6 hat in jüngster Zeit an Beliebtheit verloren. Weniger gefährlich für Schwarz sind andere Angriffsversuche: 13. Tdg1, 13. g4 und 13. Kb1.

13. ...   Tc8–c5
14. Kc1–b1   b7–b5

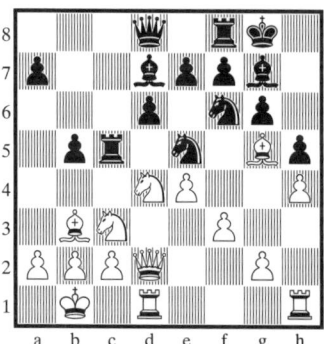

15. g2–g4!

Erst dieser Angriffszug ist eine echte Neuerung. Zuvor wurde hier 15. The1 mit der Idee gespielt, die weißen Streitkräfte zu zentralisieren.

15. ...   h5×g4

Die von Geller, Saizew und mir im Jahre 1981 analysierte Hauptfortsetzung. Einige Runden zuvor spielte Großmeister Georgiew im Match UdSSR – Bulgarien das weniger problematische 15. ... a5, worauf wir uns aus Zeitgründen nicht vorbereiten konnten. Sehen wir uns einmal an, wie sich die Ereignisse im Falle von 16. gh entwickeln konnten. Nach 16. ... Sh5: 17. Sd5 Te8 18. a3! besitzt Weiß klaren Vorteil (Sznapik – Sehner, Slupsk 1987), und deshalb mußte Schwarz das Figurenopfer annehmen, indem er mit 16. ... a4 fortsetzte.

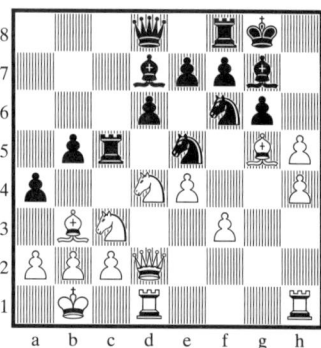

In dieser Stellung hat Weiß drei verschiedene Möglichkeiten:
1) 17. Ld5 b4
2) 17. h6!? Lh8

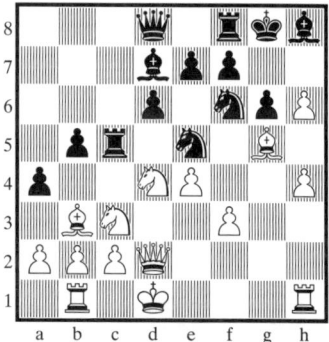

74

Wie effektiv der weiße Angriff ist, kann man ohne praktische Erprobung nur schwer sagen.
3) 17. Lf7:+!? Kf7: 18. hg+ Sg6: 19. h5 Se5 20. h6 Sc4. (Nach 20. ... Lh8 21. f4 Sc4 22. De2! ist Schwarz verloren). 21. Dg2 Lh8 22. h7 Da5.

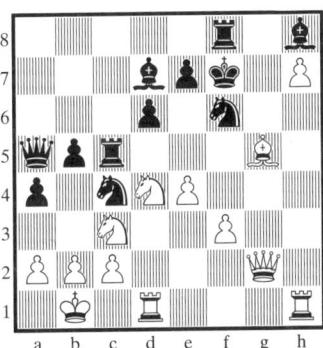

Weiter folgte in der Partie Ivanović – Kosanović (Jugoslawien 1988) 23. Lc1?, was sich als fehlerhaft erwies, denn nach 23. ... a3! erhielt Schwarz gefährlichen Angriff.
Aufmerksamkeit verdient 23. Lf6: Lf6: 24. h8D Lh8: 25. Sd5! mit der Drohung Th7+. Weiß hat genügend Kompensation für die geopferte Figur. Kehren wir aber zur Partie gegen Sznapik zurück.

| | 16. | h4–h5 | Sf6×h5 |
| | 17. | Sc3–d5! | Tf8–e8 |

Auch nicht besser ist 17. ... Td5: wegen 18. Ld5: gf 19. Sf5!

| | 18. | Th1×h5! | |

Weiß opfert nun selbst die Qualität und schwächt damit hoffnungslos die gegnerische Königsstellung.

| | 18. | ... | g6×h5 |
| | 19. | Dd2–h2 | |

Genau diese Stellung (vgl. das Diagramm in der rechten Spalte oben) war das Ergebnis unserer alten Analyse. Wir stellten damals fest, daß die leichten Materialverluste von Weiß durch den Angriff mit Zinsen zurückgewonnen werden.

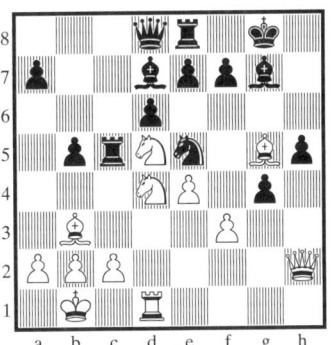

19.	...	Tc5–c4
20.	Lb3×c4	b5×c4
21.	Dh2×h5	f7–f6
22.	f3–f4!	Se5–f7
23.	Lg5–h4!	

Weiß muß nichts überstürzen, denn Schwarz ist bereits völlig hilflos.

23.	...	Dd8–b8
24.	Td1–h1	c4–c3
25.	b2–b3	Db8–b7
26.	f4–f5	Sf7–e5
27.	Sd4–e6	

Schwarz gab auf.

Wir nutzten diese Partie, um eine der aktuellsten Varianten der modernen Theorie zu beleuchten. Daraus erklärt sich die so breite Kommentierung dieser eigentlich kurzen Begegnung.

Krönung des Superfinales

Die Abschlußpartie im Superfinale des Kandidatenturniers verlief sehr scharf, war aber sehr kurz. Ich spielte mit Schwarz und durch meinen großen Vorsprung von drei Punkten genügten mir im Finish zwei Remispartien. Doch mein Gegner war durch seine dramatisch schlechte Situation gezwungen, alles auf eine Karte zu setzen und va banque zu spielen. Im Ergebnis dessen opferte er einen ganzen Turm, aber als die Attacke in eine Sackgasse geraten war, gestand er seine Niederlage ein. Es muß gesagt werden, daß mein Match gegen Sokolow in Hinsicht auf die Eröffnungen alle Rekorde brach. Es genügten uns insgesamt zwei Eröffnungen! Mit Weiß wählte ich ausschließlich 1. d2–d4, und jedes Mal ergab sich das gleiche System der Damenindischen Verteidigung. Sokolow eröffnete das Spiel stets mit 1. e2–e4, und in der Caro-Kann-Verteidigung fand ich ein probates Mittel, seine Versuche, die Initiative zu erlangen, zu neutralisieren.

Caro-Kann-Verteidigung
Sokolow – Karpow
Linares 1987
1. e2–e4   c7–c6
2. c2–c4

In vier von sechs Partien, in denen Caro-Kann vorkam, spielte Weiß den „normalen" Zug 2. d4.

2. ...   d7–d5
3. e4×d5   c6×d5
4. c4×d5   Sg8–f6
5. Sb1–c3   Sf6×d5
6. Sg1–f3

Der Panow-Angriff ist ein häufiger Gast in Sokolows Eröffnungsrepertoire, und bei der Vorbereitung auf den Wettkampf war leicht vorauszusehen, daß diese Stellung aufs Brett kommen würde.

6. ...   Sd5×c3

In der ersten Begegnung des Matchs spielte ich hier 6. ... e6, und nach 7. d4 Le7 8. Lc4 0–0 9. 0–0 Sc6 10. Te1 bekam ich gewisse Schwierigkeiten. Es war also klug, den Plan zu ändern ...

7. b2×c3   g7–g6

Eine interessante Metamorphose, denn aus der Caro-Kann-Verteidigung entstand ein mehr für die Englische Eröffnung charakteristischer Aufbau.

8. h2–h4   Lf8–g7
9. h4–h5   Sb8–c6
10. Ta1–b1

Nach 10. d4 e5! würde Schwarz jetzt hervorragende Chancen bekommen.

10. ...   Dd8–c7
11. Lc1–a3   Lc8–f5
12. Tb1–b5   a7–a6
13. Tb5–c5   Dc7–d7
14. Dd1–b3   0–0
15. h5×g6   h7×g6
16. Lf1–c4   Lg7–f6
17. d2–d4

Mit achtzügiger Verspätung!

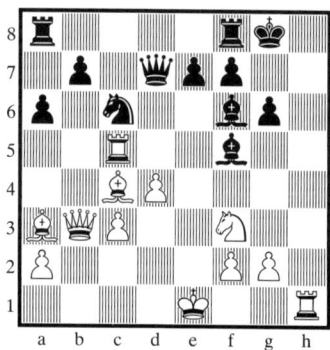

17. ...   b7–b5!

Schwarz geht nun zum entscheidenden Gegenangriff über.

18. Lc4–d5   Sc6–a5
19. Db3–d1   Sa5–b7!
20. Sf3–e5

Nach dem Abtausch 20. Lb7: Db7: hat Schwarz eine strategisch gewonnene Stellung – das Läuferpaar und der im Zentrum verbliebene weiße König sind die Garantie dafür.

20. ...   Lf6×e5
21. d4×e5   Sb7×c5
22. Dd1–d4

Es scheint, daß die taktische Idee von Weiß aufgeht, und er sein Turmopfer (23. Th8+ nebst 24. e6+) oder das geradlinige 23. Dh4 verwirklichen kann. Ich hatte dies aber vorausgesehen und eine schöne Widerlegung parat.

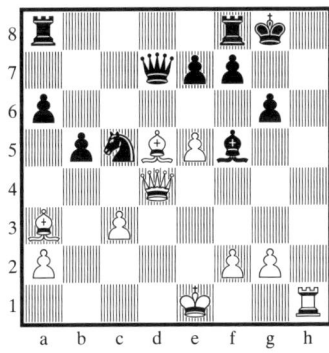

22. ...   Sc5−d3+

23. Ke1−f1   Dd7−a7!
Nimmt dem Gegner alle Illusionen. Auf
24. Dh4 folgt einfach 24. ... Df2:+ mit Damentausch.

24. La3×e7   Da7×d4
25. c3×d4   Sd3−f4
Weiß gab auf.

Damit endete das Superfinale im Kandidatenturnier mit 7,5 zu 3,5 für mich, und
der Weg zum erneuten Duell gegen Kasparow war frei.

Garri Kasparow

* 13. 4. 1963

13. Weltmeister 1985 –

Der Kandidat zeigte es den Meistern
Das Turnier zu Ehren A. Sokolskis in Minsk fand im Januar 1978 statt, als der zukünftige Weltmeister noch nicht einmal 15 Jahre alt war. Er besaß keinen Meistertitel, und es wurde die Frage gestellt, warum dieser Meisterkandidat überhaupt zum Turnier zugelassen wurde. Die Ergebnisse aber zeigten, daß die Entscheidung richtig war: Garri siegte überlegen und überbot die Meisternorm um dreieinhalb Punkte! Das war der größte Erfolg, den bis dahin ein so junger Schachspieler in der UdSSR errungen hatte!

Die folgende Partie, die erste Miniatur Kasparows, wurde überall bekannt.

Kasparow – Roisman
Minsk 1978
Spanische Partie

1.	e2–e4	e7–e5
2.	Sg1–f3	Sb8–c6
3.	Lf1–b5	Sc6–d4
4.	Sf3×d4	e5×d4
5.	0–0	Lf8–c5
6.	d2–d3	c7–c6
7.	Lb5–c4	

Die sogenannte Bird-Variante kann Weiß nicht überraschen. Jetzt droht 8. Lf7:+ Kf7: 9. Dh5+.

7.	...	d7–d6
8.	f2–f4	

Die Theorie sieht hier 8. Dh5 g6 9. Df3 nebst Dg3 vor. Aber für Kasparow war schon damals charakteristisch, bei der ersten Gelegenheit aktiv zu werden.

8.	...	Sg8–f6
9.	e4–e5	d6×e5
10.	Lc4×f7+	Ke8×f7
11.	f4×e5	Dd8–d5
12.	e5×f6	g7×f6
13.	Sb1–d2	Th8–g8
14.	Sd2–e4	Lc5–e7
15.	Lc1–f4	Tg8–g6
16.	Dd1–e2	Lc8–g4
17.	De2–f2	Ta8–g8

Nachdem Weiß die f-Linie geöffnet hat, will er auf ihr gefährliche Drohungen schaffen; Schwarz rechnet seinerseits mit einem Gegenspiel auf der g-Linie.

18.	Ta1–e1	h7–h5
19.	Lf4–g5!	

Ein überraschendes Manöver, das die hoffnungslose Lage des schwarzen Königs deutlich macht. 19. ... Tg5: geht nicht wegen 20. Sf6:! Lf3 21. Sg8:! (nicht aber 21. Sd5: Tg2:+ 22. Dg2: Tg2:+ 23. Kh1 Tf2+ mit Remis).

19.	...	Dd5–d8
20.	Df2–f4	Lg4–e6
21.	h2–h4	Le6–d5

Die einzige Möglichkeit, den Kampf fortzusetzen, war 21. ... Lg4. Obwohl 22. Lf6: nun kaum zu parierende Drohungen geschaffen hätte, faßt Kasparow einen sehr ungewöhnlichen Entschluß, der das Spiel sofort entscheidet.

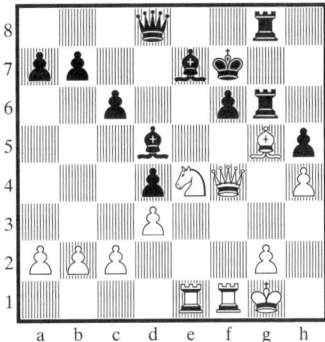

22. g2–g4!
Weiß öffnet die eigene Königsstellung, doch der gegnerische Monarch kommt dabei um.

22. ... Kf7–g7
Auf 22. ... hg folgt 23. h5, und auch 22. ... Le4: 23. gh T6g7 24. Te4: bringt Schwarz keine Erleichterung.

23.	g4×h5	f6×g5
24.	Df4–e5+	Kg7–h6
25.	h5×g6	g5×h4
26.	Tf1–f5	Kh6×g6
27.	Kg1–h2	

Schwarz gab auf.

Vier Jahre vor dem WM-Match

Es folgt einer der stolzesten Siege des jungen Kasparow. Die Partie wurde seinerzeit als Wendepunkt in einem modernen Abspiel der Damenindischen Verteidigung betrachtet.

Damenindische Verteidigung
Kasparow – Marjanović
Malta 1980

1.	d2–d4	Sg8–f6
2.	c2–c4	e7–e6
3.	Sg1–f3	b7–b6
4.	g2–g3	Lc8–b7
5.	Lf1–g2	Lf8–e7
6.	0–0	0–0
7.	d4–d5	e6×d5
8.	Sf3–h4!	

Ein originelles Patent L. Polugajewskis, das ihm 1980 einen schönen Sieg in der 12. Partie des Kandidaten-Halbfinales gegen V. Kortschnoi einbrachte. Seither wurde diese Idee von den Theoretikern einer sorgfältigen Prüfung unterzogen.

8.	...	c7–c6
9.	c4×d5	Sf6×d5
10.	Sh4–f5	Sd5–c7
11.	Sb1–c3	d7–d5

In der Begegnung Timman – Karpow (Tilburg 1983) folgte 11. ... Se8 12. Lf4 Sa6 13. Dd2 d5, und die Partie war schnell zu Ende: 14. e4 Sac7 15. Tad1 Lf6 16. ed Sd5: 17. Sd5: cd 18. Se3 Sc7 19. Lc7: Dc7:. Remis.
Für das erste Duell gegen Kasparow aber schien mir die Fortsetzung 11. ... Se8 zu passiv, und so zog ich in der 2. Partie des WM-Matchs in Moskau 1984 genau wie in dieser Begegnung 11. ... d5 vor.

12.	e2–e4	Le7–f6
13.	e4×d5	

Dieser Tausch wurde später als unzureichend für Weiß bezeichnet, und Kasparow bevorzugte in der erwähnten Partie gegen mich 13. Lf4.

13.	...	c6×d5
14.	Lc1–f4	Sb8–a6
15.	Tf1–e1	Dd8–d7

Besser für Schwarz war 15. ... Sc5 mit ausreichenden Verteidigungsressourcen; möglich ist auch 15. ... Lc8.

16.	Lg2–h3	Kg8–h8

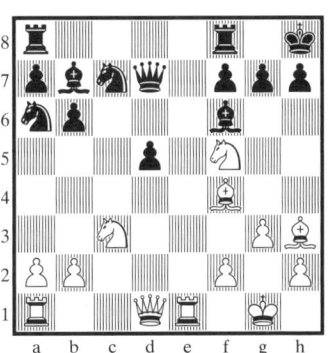

Der entscheidende Fehler, der es Weiß gestattet, die gegnerische Stellung buchstäblich zu zerreißen. Schwarz mußte sich eben damit abfinden, daß der Damenzug nach d7 falsch war und mit der Königin zurückgehen – 16. ... Dd8!

17.	Sc3–e4!	Lf6×b2
18.	Se4–g5!	Dd7–c6
19.	Sf5–e7	Dc6–f6
20.	Sg5×h7!	Df6–d4
21.	Dd1–h5	g7–g6
22.	Dh5–h4	Lb2×a1
23.	Sh7–f6+.	

Schwarz gab auf.

Auf 23. ... Kg7 folgt 24. Dh6+ Kf6: 25. Lg5 matt.

Eine lustige Geschichte

Mit dieser effektvollen Kurzpartie ist eine hübsche Geschichte verbunden, die der Trainer des Weltmeisters, A. Nikitin, in der Zeitschrift „64 – Schachrundschau" erzählte. Doch darüber später.

Slawische Verteidigung
Kasparow – Nunn
Brüssel 1986

1.	d2–d4	Sg8–f6
2.	Sg1–f3	g7–g6
3.	c2–c4	Lf8–g7
4.	g2–g3	0–0
5.	Lf1–g2	c7–c6
6.	Sb1–c3	d7–d5
7.	c4×d5	c6×d5
8.	Sf3–e5	e7–e6
9.	0–0	Sf6–d7
10.	f2–f4	

Diese Stellung ergab sich in der 13. Partie des Revanchematchs Kasparow – Karpow 1986. Dort spielte der Bakuer Großmeister mit den schwarzen Steinen, und schließlich endete die Begegnung remis. Dennoch bewahrt Weiß – wie es sich in der Abtauschvariante der Slawischen Verteidigung auch gehört –

lange Zeit die Spannung, und deshalb hatte Kasparow nichts dagegen, das System auch mit Weiß zu spielen.

| 10. | ... | Sd7×e5 |

In der erwähnten Partie des Revanchekampfes antwortete Kasparow 10. ... f6, was wahrscheinlich auch die beste Fortsetzung ist.

11.	f4×e5	Sb8–c6
12.	e2–e4	d5×e4
13.	Lc1–e3	

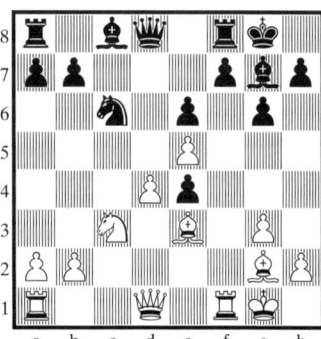

Man kann sich nur schwer vorstellen, daß Schwarz – der bis hierhin keinen groben Fehler gemacht hat und im Moment einen Mehrbauern besitzt – binnen sechs Zügen aufgeben wird.

| 13. | ... | f7–f5 |
| 14. | e5×f6 | Tf8×f6 |

Eine schon bekannte Stellung. In der Partie Sweschnikow – Michaltschischin (Lwow 1983) verpuffte die weiße Initiative nach 15. Tf6: Lf6: 16. Se2 schnell. Kasparow geht einen anderen Weg, und nach ...

15.	Sc3×e4	Tf6×f1+
16.	Dd1×f1	Sc6×d4
17.	Tf1–d1	e6–e5
18.	Se4–g5	

stellte Schwarz die Uhr ab. Warum aber beendete Nunn so plötzlich den Kampf, wo doch für Weiß auf den ersten Blick kein forcierter Gewinn zu sehen ist?! Einige Tage nach der Partie übergab ein Schachfreund Kasparow und Nikitin die neueste Nummer eines speziellen Bulletins schwedischer Fernschachspieler. Und darin war die Fortsetzung des Duells Kasparow – Nunn enthalten, die allerdings in der Fernpartie G. Churt – M. Anderson vorkam: 18. ... De7 19. Ld5+ Le6 20. Td4: ed 21. Le6:+ Kh8 22. Sf7+ Kg8 23. Sd8+ Kh8 24. Lg5! Db4 25. Sf7+ Kg8 26. Se5+ Kh8 27. Sg6: hg 28. Dh3+. Schwarz gab auf.

Ein sehr pikantes Finale, und es gereicht Kasparow zur Ehre als großer Eröffnungskenner, daß er in dieser Partie genau wußte, wie Weiß vorgehen muß. Er hatte zwar vorher dieses Material nicht zur Verfügung, doch zeigte er die gesamte Variante dem verdutzten Nunn sofort nach der Partie! Eine weltmeisterliche Angelegenheit.

Eine Miniatur brachte den ersten Preis
Vor der letzten Runde dieses stärksten internationalen Turniers, in dem Kasparow und ich unsere 100. Jubiläumspartie spielten, ergab sich folgende Situation: Ljubojević führte, einen halben Punkt dahinter lag Kasparow, und dann folgte der Autor dieser Zeilen. Ich schloß mit Ljubojević schnell Frieden, so daß der jugoslawische Großmeister auf jeden Fall den ersten Rang teilen konnte. Mir selbst genügte der dritte Platz, da ich sogleich nach dem Kandidatenmatch gegen Sokolow ohne Erholung gestartet war. Insofern betrübte mich das Brüsseler Ergebnis nicht sehr. Die endgültige Entscheidung über den Turniersieg mußte also die Partie zwischen dem Weltmeister und M. Tal bringen. Indem Kasparow die folgende Miniatur auf herrliche Weise gewann, holte er L. Ljubojević noch ein und belegte damit den geteilten ersten Platz.

Nimzoindische Verteidigung
Kasparow – Tal
Brüssel 1987

1.	d2–d4	Sg8–f6
2.	c2–c4	e7–e6
3.	Sb1–c3	Lf8–b4
4.	e2–e3	0–0
5.	Lf1–d3	d7–d5
6.	c4×d5	

Ein seltener Tausch in der „modernen Variante" der Nimzoindischen Verteidigung, in der Regel wird hier 6. Sf3, 6. a3 oder 6. Se2 gespielt.

6.	...	e6×d5
7.	Sg1–e2	c7–c5
8.	0–0	Sb8–c6
9.	a2–a3	c5×d4
10.	e3×d4!	

Und das ist ein noch seltenerer Zug. Jetzt stabilisiert sich die Lage im Zentrum, und Weiß richtet sein Angriffspotential auf den Königsflügel.

10.	...	Lb4×c3

Vielleicht war es besser, den schwarzfeldrigen Läufer zu erhalten und ihn nach d6 zurückzuziehen.

11.	b2×c3!	

Dieser Zug ist einfach eine Neuerung, bekannt war nur 11. Sc3: Lg4 12. f3 Le6.

11.	...	Sc6–e7
12.	Dd1–c2	Lc8–d7
13.	Lc1–g5	Se7–g6
14.	f2–f4!	

Schwarz ist ohne jedes Gegenspiel, und der Vormarsch des f-Bauern wird die Partie entscheiden.

14.	...	h7–h6

Auch nicht besser wäre 14. ... Te8, worauf 15. f5 Sf8 16. Sg3 Lc6 17. Sh5 S8d7 18. Tg3 usw. folgen würde.

15.	Lg5×f6	Dd8×f6
16.	f4–f5	Sg6–e7
17.	Se2–g3	Se7–c8
18.	Tf1–f4!	Sc8–d6

Wenn 18. ... Dd6, so 19. f6! Df4: 20. Lh7+ Kh8 21. fg+ Kg7: 22. Sh5+.

19.	Dc2–f2	Tf8–e8
20.	Sg3–h5	Df6–d8

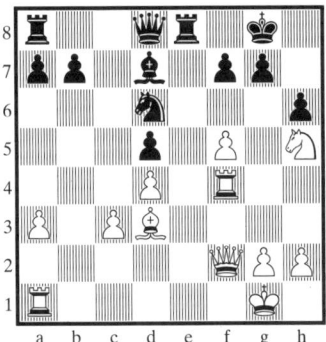

Auf 20. ... Dg5 folgt 21. h4! Dh5: 22. g4. Der Punkt g7 ist der verwundbarste in der schwarzen Stellung. Der Angriff auf ihn mit einer Schwerfigur ist allerdings nicht ganz einfach, man sehe: 21. Dg3 Dg5, und der weiße Springer ist angegriffen; 21. Tg4 g6, und Schwarz nutzt die Fesselung des Bauern f5 aus. Es zeigt sich aber, daß Weiß zur Erstürmung der schwarzen Festung keine Unterstützung mehr benötigt.

21. Sf5×g7!

Ein effektvolles Finale.

21.	...	Sd6−e4
22.	Ld3×e4	Te8×e4
23.	f5−f6	

Bereits hier konnte man den Schlußpunkt setzen.

23.	...	Kg8−h7
24.	Tg4×e4	d5×e4
25.	Df2−f4	Ld7−c6
26.	Ta1−e1	Dd8−f8
27.	c3−c4	Df8×a3
28.	Sg7−f5	Da3−f8
29.	Te1−e3	Lc6−d7
30.	Te3−g3	Ld7×f5
31.	Df4×f5+	

Schwarz gab auf.

Das gelüftete Geheimnis

In der vierten Partie meines Duells mit Kasparow in Sevilla wurde eine Variante gespielt, die als ungefährlich für Schwarz gilt. Aber warum der Weltmeister sie wählte, blieb vielen unklar, da ich als erster von der Theorie abwich. Es verging fast ein Jahr, ehe Kasparow selbst zur Landesmeisterschaft der UdSSR das Geheimnis lüftete ...

Englische Eröffnung
Kasparow − Iwantschuk
Moskau 1988

1.	c2−c4	Sg8−f6
2.	Sb1−c3	e7−e5
3.	Sg1−f3	Sb8−c6
4.	g2−g3	Lf8−b4
5.	Lf1−g2	0−0
6.	0−0	e5−e4
7.	Sf3−g5	Lb4×c3
8.	b2×c3	Tf8−e8
9.	f2−f3	e4×f3

In der zweiten Partie von Sevilla zog ich hier 9. ... e4−e3!?, und diese scharfe Fortsetzung brachte mir Erfolg und den ersten Sieg in diesem Match. Aber bei der Analyse der Partie stellte es sich heraus, daß Weiß stärker spielen konnte, und deshalb beschloß ich, auf das zu sehr verpflichtende Bauernopfer zu verzichten. So schlug ich − wie es auch in dieser Begegnung geschieht − auf f3.

10.	Sg5×f3	d7−d5
11.	d2−d4!	

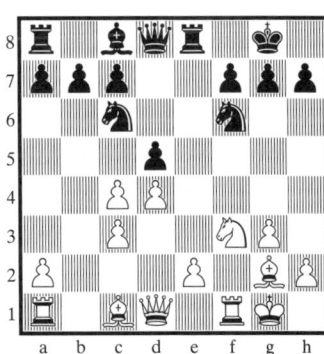

Das ist es also! Im Falle von 11. cd Dd5: (ein Zug Smyslows) 12. Sd4 Dh5! besitzt Schwarz ausgezeichnete Chancen, worüber jede theoretische Monographie Auskunft gibt. Kasparows Neuerung, die mit einem Bauernopfer verbunden ist, zwingt zu einer anderen Bewertung der Variante.

11. ...   Sf6–e4

Auf 11. ... dc folgt 12. Lg5 mit mehr als ausreichender Initiative von Weiß für den geopferten Bauern.

12. Dd1–c2   d5×c4

Offenbar hartnäckiger war 12. ... Lf5, zum Beispiel 13. Sh4 Lg6 14. Sg6: hg 15. Tb1 Sa5.

13. Ta1–b1!

Ein sehr feiner Zug; zu gleichem Spiel führte 13. Se5 Se5: 14. De4: Sg6.

13. ...   f7–f5
14. g2–g4!

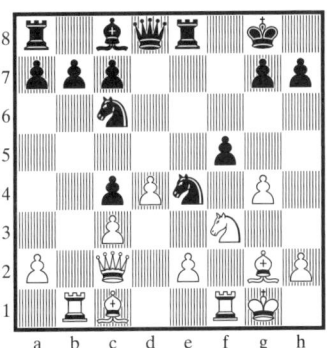

Weiß sprengt effektvoll die Blockade des Gegners auf den weißen Feldern.

14.	**...**	**Dd8–e7**
15.	**g4×f5**	**Se4–d6**

Im Falle von 15. ... Lf5: ist 16. Sg5! sehr stark, und nach 16. ... g6 17. Se4: Le4: 18. Le4: De4: 19. De4: Te4: 20. Tb7: Se7 21. Tc7: Sf5 22. Tc4: hat Weiß klares Übergewicht.

16.	**Sf3–g5**	**De7×e2**
17.	**Lg2–d5+**	**Kg8–h8**
18.	**Dd1×e2**	**Te8×e2**
19.	**Lc1–f4**	**Sc6–d8**
20.	**Lf4×d6**	**c7×d6**

21.	**Tf1–e1**	**Te2×e1+**
22.	**Tb1×e1**	**Lc8–d7**
23.	**Te1–e7**	**Ld7–c6**
24.	**f5–f6!**	

Schwarz gab auf.

Der Waffenstillstand

Das Buch soll mit meiner letzten Kurzpartie gegen Kasparow in unseren WM-Kämpfen vollendet werden. Dieses Treffen dauerte 28 Züge und endete remis. Die Länge der Miniatur entspricht den „Regeln" dieses Bandes.

Ich nehme an, daß dieser Waffenstillstand ein zeitweiliger sein wird und wir noch öfter Gelegenheit haben werden, unsere Kräfte zu messen ...

Grünfeldindische Verteidigung
Karpow – Kasparow
Sevilla 1987

Das ist unsere bislang letzte Miniatur im Kampf um die Schachkrone und eine der letzten Diskussionen in der Grünfeldindischen Verteidigung, die aber bald nach Sevilla fortgesetzt wurde. Die Partie zieht quasi Bilanz über die Ergebnisse in der Variante mit dem Zug Dd1–b3. Nach einer stürmischen Schlacht in der Eröffnung klärt sich später alles rasch auf.

1.	**d2–d4**	**Sg8–f6**
2.	**c2–c4**	**g7–g6**
3.	**Sb1–c3**	**d7–d5**
4.	**Sg1–f3**	**d7–d5**
5.	**Dd1–b3**	**d5×c4**
6.	**Db3×c4**	**0–0**
7.	**e2–e4**	**Sb8–a6**
8.	**Lf1–e2**	

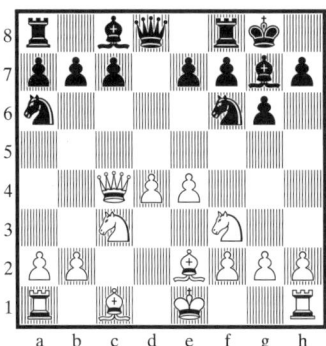
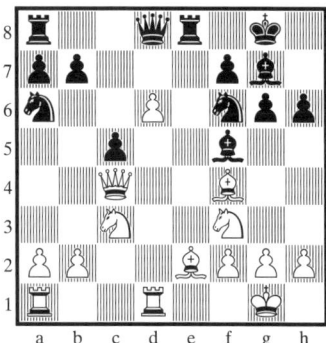

Außer diesem Zug gab es in der vorliegenden Stellung, wenn ich mich nicht irre, noch acht(!) verschiedene Fortsetzungen: 8. Db3, 8. Lg5, 8. Lf4, 8. Da4, 8. Le3, 8. h3, 8. e5 und sogar 8. b4!?. Die Praxis zeigt, daß Schwarz stets gleichwertige Chancen erhält, und heute erfreut sich der Entwicklungszug mit dem weißfeldrigen Läufer nach e2 der größten Beliebtheit.

8.	...	c7–c5
9.	d4–d5	e7–e6
10.	0–0	e6×d5
11.	e4×d5	Lc8–f5

Hier nun hat Schwarz eine große Auswahl: 11. ... b5, 11. ... b6, 11. ... Se8, 11. ... Db6 und 11. ... Te8. Aber nach dem Zug 8. Le2 wurde der Ausfall des weißfeldrigen Läufers nach f5 quasi zur Pflicht.

12.	Tf1–d1	Tf8–e8
13.	d5–d6	

Zuerst kam dieser Zug in der 15. Partie des WM-Matchs in Sevilla vor. Im Falle von 13. Lg5 h6 14. Lf6: Lf6: 15. a3 Db6 16. Td2 Tad8 besitzt Schwarz gute Aussichten. (Adamski – Timostschenko, Slupsk 1979).

13.	...	h7–h6
14.	Lc1–f4	

In der erwähnten 15. Partie spielte ich 14. h3, und nach 14. ... Sb4! erhielt Schwarz ein vorzügliches Spiel. Der weitere Kampf verlief sehr nervös, die Initiative wechselte hin und her, und zuletzt endete alles mit Remis.

14.	...	Sf6–d7

Genauer als 14. ... Sh5 15. Le3, wonach der weiße Läufer den gegnerischen Springer an den Brettrand festnagelt und selbst auf e3 eine bequeme Stellung einnimmt.

15.	Td1–d2	Sa6–b4
16.	Dc4–b3	Lf5–e6

Schwächer ist 16. ... a6 17. a3 Sc6 18. Sd5!.

17.	Le2–c4	Sd7–b6
18.	Lc4×e6	Te8×e6

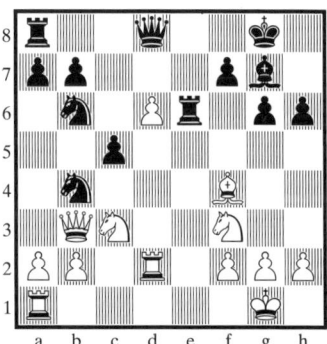

19.	a2–a3?	

Ein ungünstiger Zug. Zu zweischneidigem Spiel führt 19. Lg3 Sd3 20. Sb5 c4 21. Da3. Die Stellung ist unklar, und neben 19. Lg3 verdient Tals Empfehlung 19. Sa4!? Aufmerksamkeit.

19. ...   Sb4–d3!

Der Springer kann wegen der Gabel 20. ... c4! nicht geschlagen werden.

20. Lf4–g3   c5–c4
21. Db3–c2   Ta8–c8
22. Ta1–d1   Dd8–d7
23. h2–h4   f7–f5

Genauer ist sicher 23. ... Tc6 oder 23. ... Tc5, und das Qualitätsopfer auf d3 erreicht nicht sein Ziel. Weiß müßte dann 24. Db1 nebst 25. Se1 spielen.

24. Td2×d3   c4×d3
25. Dc2×d3   Sb6–c4
26. Dd3–d5   Sc4–b6
27. Dd5–d3

Genauer als 27. Db3 Df7! 28. Sd5 (28. Kh2 f4) 28. ... Td8 mit besseren Chancen für Schwarz.

27. ...   Sb6–c4
28. Dd3–d5   Sc4–b6
Remis

In dem spannenden Duell griffen beide Partner der Reihe nach fehl, und die Partie endete mit dreimaliger Zugwiederholung. Ein abschließendes Urteil über die Eröffnungsvariante wäre verfrüht. Mir scheint, daß die Ressourcen von Weiß noch nicht völlig erschöpft sind.

Zehn Miniaturen im Stenogramm

Wie bei den anderen Schachweltmeistern folgen zum Schluß einige Miniaturen Kasparows in Kurznotation – der Aktualität wegen sind es zehn.

Damengambit
Kasparow – Saizew
Baku 1980

1. d4 d5 2. c4 e6 3. Sc3 Sf6 4. Lg5 Le7 5. e3 0–0 6. Sf3 h6 7. Lh4 b6 8. Dc2 Lb7 9. Lf6: Lf6: 10. cd ed 11. 0–0–0 c5 12. dc Sd7 13. Sd5: Sc5: 14. Lc4 b5

15. Sf6:+ Df6: 16. Ld5 Tac8 17. Kb1 Sa4 18. De2 Ld5: 19. Td5: Tc4 20. Td4 Tfc8

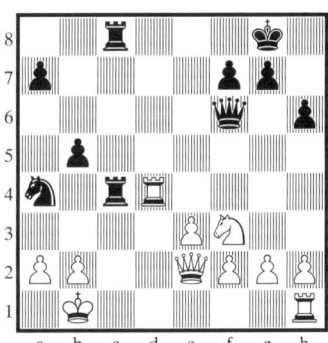

Schwarz hat genügend Kompensation für den geopferten Bauern, und Weiß muß sehr akkurat spielen.

21. Thd1 Dg6+?

Richtig war 21. ... Tc2 22. Dc2: Tc2: 23. Kc2: Dg6+ (oder 23. ... De6!?) 24. Kd2 Sb2: 25. Tc1 Dg2: 26. Ke2 mit ungefähr Gleichgewicht. Saizew überschätzte seine Möglichkeiten und beging einen Fehler.

22. Dd3 Dg2: 23. Df5! Tf8 24. Td8 Tc7 25. Tf8:+ Kf8: 26. Sd4 Te7 27. Sb5: Te3: 28. Sd6 Tf3 29. Dc8+ Ke7 30. De8+ Kf6.

Und Schwarz gab gleichzeitig auf.

Im Superturnier von Bugojno 1982 spielte Kasparow drei großartige Kurzpartien, und jede wurde auf ihre Weise in glänzendem Stile entschieden.

Damenindische Verteidigung
Kasparow – Najdorf
Bugojno 1982

1. d4 Sf6 2. c4 e6 3. Sf3 b6 4. a3 Lb7 5. Sc3 d5 6. cd Sd5: 7. e3 Le7 8. Lb5+ c6 9. Ld3 Sc3: 10. bc c5 11. 0–0 Sc6 12. e4 0–0 13. Le3 cd 14. cd Tc8 15. De2 Sa5 16. Tfe1 Dd6

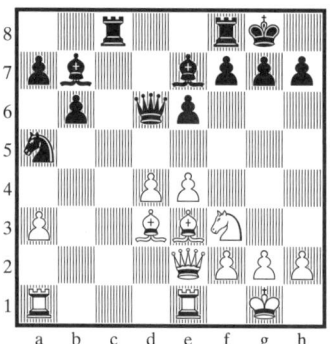

18. e4!
Die einzige aktive schwarze Figur wird verjagt, und nun steht der Nachziehende äußerst beengt.
18. ... Sb6 19. Lf1! Te8 20. Tdd1 Tf8 21. a3! Kg7 22. b3 Kg8 23. a4 Td8 24. Dc5!
Dieser taktische Schlag vollendet das Spiel. Schwarz gab auf.

17. d5!? ed 18. e5 De6 19. Sd4 De5: 20. Sf5 Lf6?
Notwendig war 20. ... Sc4.
21. Dg4 Tce8?
Dieser zweite Fehler hintereinander kostet die Partie. Schwarz mußte 21. ... Dc3 ziehen.
22. Ld2 Da1: 23. Ta1: La1: 24. Sg7:! Lg7: 25. Lh6. Schwarz gab auf.

Bogoljubow-Verteidigung
Kasparow – Petrosjan
Bugojno 1982
1. d4 Sf6 2. c4 e6 3. Sf3 Lb4+ 4. Ld2 De7 5. g3 Ld2:+ 6. Dd2: 0–0 7. Lg2 d5 8. 0–0 dc 9. Sa3 c5 10. dc Dc5: 11. Tac1 Sc6 12. Sc4: De7 13. Sfe5 Se5: 14. Se5:
Bislang weist die schwarze Stellung keinen schwachen Punkt auf, deshalb ist es um so verwunderlicher, daß die Partie nur noch zehn Züge dauert.
14. ... Sd5 15. Tfd1 Sb6 16. Da5! g6 17. Td3! Sd5

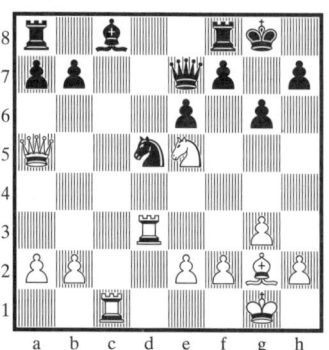

Königsindische Verteidigung
Kavalek – Kasparow
Bugojno 1982
1. d4 Sf6 2. c4 g6 3. Sc3 Lg7 4. e4 d6 5. Sf3 0–0 6. h3 e5 7. d5 Sa6 8. Le3 Sh5! 9. Sh2 De8 10. Le2 Sf4 11. Lf3 f5 12. h4 De7 13. g3 Sb4!

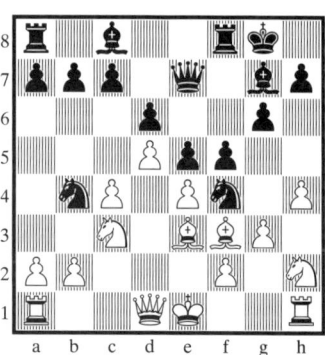

14. Db3 Sfd3+ 15. Ke2 f4 16. Ld2 fg 17. fg Tf3:! 18. Sf3: Lg4 19. Taf1 Tf8 20. Sd1?
Der entscheidende Fehler. Das Feld d2 mußte sogleich für den König freigemacht werden.
20. ... Df7! 21. Le3 Lf3:+ 22. Kd2 Dd7! 23. Thg1 Dh3 24. a3 Le4:! 25. Tf8:+ Lf8: 26. ab Dh2+ 27. Kc3 Sc1!
Weiß gab auf.

Damenindische Verteidigung
Kasparow – Murey
Moskau 1982

Diese und auch die folgende Partie sind effektvolle Werke Kasparows, die er beim Interzonenturnier in der sowjetischen Hauptstadt schuf.

1. d4 Sf6 2. c4 e6 3. Sf3 b6 4. Sc3 Lb7 5. a3 d5 6. cd Sd5: 7. Dc2 c5 8. e4 Sc3: 9. bc Sc6

Sicherer für Schwarz ist 9. ... Sd7.

10. Lb2 Tc8 11. Td1 cd 12. cd a6 13. Dd2 Sa5

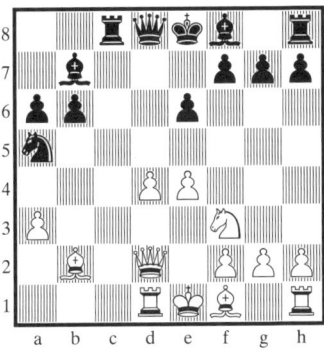

14. d5! ed 15. ed Ld6 16. Lg7: De7+ 17. Le2 Tg8 18. Dh6! f5 19. Lf6 Df8 20. Dh7: Df7 21. Df5: Tg6 22. De4+ Kf8 23. Sg5! Tg5: 24. Lg5: Te8 25. Lh6+ Kg8 26. Dg4+

Schwarz gab auf.

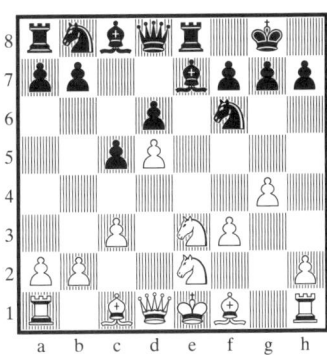

14. ... Sfd7!

Macht die Diagonale für die Dame frei.

15. Sg3 Lg5 16. Kf2 Se5 17. Lb5 Ld7 18. Ld7: Sbd7: 19. Sef5 c4!

Das Auftauchen des schwarzen Springers auf d3 entscheidet den Ausgang der Partie.

20. Sh5 Sd3+ 21. Kg3 Lc1: 22. Tc1: g6

Weiß gab auf, denn auf 23. Dd2 folgt 23. ... gh! 24. Dh6 Df6.

Bekanntlich ist es immer riskant, gegen den Weltmeister zu spielen. Auch dieses Duell ist ein Beispiel dafür.

Damenbauernspiel
van der Wiel – Kasparow
Moskau 1982

1. d4 Sf6 2. Lg5 Se4 3. Lf4 c5 4. d5 Db6 5. Lc1 e6 6. f3 Da5+ 7. c3 Sf6 8. e4 d6 9. Sa3 ed 10. ed Le7 11. Sc4 Dd8 12. Se3 0–0 13. Se2 Te8 14. g4?

Ein zu riskanter Zug....

Slawische Verteidigung
Kasparow – Miles
Basel 1986

1. d4 d5 2. Sf3 Sf6 3. c4 c6 4. Sc3 e6 5. Lg5 dc 6. e4 b5 7. e5 h6 8. Lh4 g5 9. Sg5: hg 10. Lg5: Sd7 11. ef Da5 12. g3 b4 13. Se4 La6 14. Df3 0–0–0 15. b3 cb 16. La6:+ Da6: 17. Db3: Db5

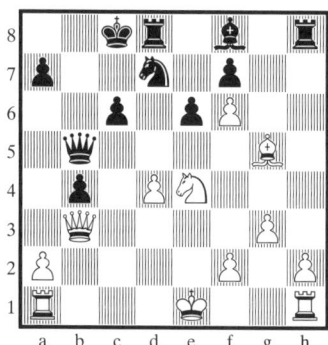

18. Tc1!
Bislang wurde hier 18. 0–0–0 gespielt, womit Miles möglicherweise gerechnet hatte.
18. ... Sb6 19. Le3 a5 20. Dc2 Kb7 21. De2! Dd5 22. f3 Sd7 23. 0–0 Lh6 24. Tf2!
Ein stiller Zug, der die Partie entscheidet.
24. ... Kb6 25. a3 Tb8 26. ab ab 27. Lh6: Th6: 28. Dd2. Schwarz gab auf.
Eine theoretisch wertvolle Partie.

15. ... Kf6!!
Ein wahrhaft königlicher Zug! Weiß schlug eine Figur – und sogar mit Schach –, nichtsdestoweniger geht der tapfere schwarze König, ohne auf den Springer c8 zu achten, voran und weist seinen Figuren den Weg.
16. Le4
Der überraschte Miles findet nicht den richtigen Weg, der in 16. La6:! Sd3+ 17. Ke2 Sc5 18. Dc6 Dd5 mit scharfem Endspiel bestanden hätte.
16. ... Tc8: 17. h4 h6 18. 0–0 Tc4 19. Dd1 d3! 20. Te1 Tc1:! 21. Tc1: d2 22. Tf1 Dd4! 23. Tc2 De4:
Die weiteren Züge erübrigen sich.
24. Td2: Le5 25. Te1 Dh4: 26. Dc2 Lb4 27. Te5: Ld2: 28. g3 Dd4 29. Te4 Dd5. Weiß gab auf.

Slawische Verteidigung
Miles – Kasparow
Basel 1986
Diese Begegnung wird dem Leser auf Grund des 15. Zuges von Kasparow lange im Gedächtnis bleiben ...
1. d4 Sf6 2. c4 e6 3. Sf3 d5 4. Sc3 c6 5. e3 Sbd7 6. Ld3 dc 7. Lc4: b5 8. Ld3 a6 9. e4 c5 10. e5 cd 11. Sb5: Sg4 12. Da4 Sge5:
Dieses Schlagen war bis dahin von der Theorie als untauglich bewertet worden.
13. Se5: Se5: 14. Sd6+ Ke7 15. Sc8:+

Slawische Verteidigung
Kasparow – van der Wiel
Brüssel 1987
1. d4 d5 2. c4 c6 3. Sc3 Sf6 4. e3 e6 5. Sf3 Sbd7 6. Ld3 Lb4 7. a3 La5 8. 0–0 0–0 9. Dc2 dc 10. Lc4: Lc7 11. La2 e5 12. h3 h6 13. e4 Te8 14. Le3 Sh5 15. Tad1 ed 16. Ld4: De7 17. e5! Sf8
Das kleinere Übel war 17. ... Sf4. Jetzt folgt ein sehr effektvoller Schlag.

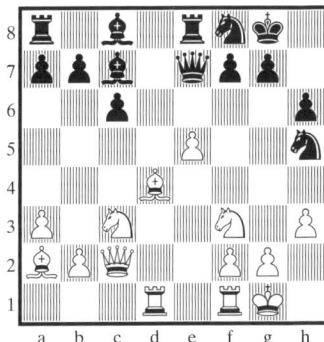

18. Sb5! Se6 19. Le6: fe 20. Sc7: Dc7:
21. Dg6 Df7 22. Df7:+ Kf7: 23. Le3!
Droht g2–g4.
23. ... Tf8 24. Td4
Erneut droht der Vorstoß 25. g4.
**24. ... Kg8 25. Tfd1 b6 26. Th4 Tf5
27. Sd4**
Schwarz gab auf, weil er schwere materielle Verluste nicht vermeiden kann.

Die letzte Partie dieses Buches wurde beim Weltcupturnier in Schweden gespielt, mit dem die erste Serie dieses Wettbewerbes abgeschlossen wurde. Garri Kasparow siegte bekanntlich mit knappem Vorsprung vor mir in der Gesamtwertung des 1. Weltcups.

Englische Eröffnung
Kasparow – Kortschnoi
Skelleftea 1989
1. c4 c5 2. Sc3 Sf6 3. Sf3 d5 4. cd Sd5:
5. e4 Sb4 6. Lb5+ S8c6 7. d4! cd 8. a3
dc 9. Dd8:+ Kd8: 10. ab cb 11. Lb2: f6?!
12. e5! Lg4?
Unbedingt notwendig war 12. ... Ld7.
13. Lc6:!! bc 14. Sd4 fe 15. Sc6:+ Kc7
16. Se5: Lh5 17. 0–0

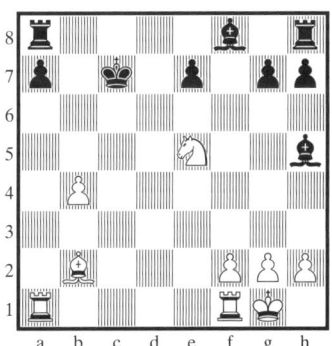

Schwarz befindet sich mit seinem entblößten König in einer kritischen Lage, obwohl die Stellung bereits Endspielcharakter trägt. Kasparow nutzt konsequent seinen Vorteil.
**17. ... Le8 18. Tfc1+ Kb7 19. Sc4! e5
20. Le5: h5 21. Sa5+ Kb6 22. Lc7+ Ka6
23. Sc6+!**
Schwarz gab auf!

Partienverzeichnis

Eröffnungsverzeichnis

Das Eröffnungsverzeichnis weist neben der jeweiligen Seitenzahl auch das Jahr aus, in welchem die Partie zur Austragung gelangte.

Durch diese Zusatzinformation kann sich der Leser ein Bild über den Beliebtheitsgrad einer Eröffnung in chronologischer Hinsicht und über das spezielle Eröffnungsrepertoire der Weltmeister verschaffen.

Natürlich haben sich die Erkenntnisse der Eröffnungstheorie mit den Jahren weiterentwickelt, so daß gerade bei länger zurückliegenden Partien nicht immer die heutigen Maßstäbe angelegt werden können.

Die Reihenfolge der Auflistung der Eröffnungen richtet sich nach ihrem jeweils erstmaligen Auftreten im Buch.